Kompass Radwanderführer

Radwanderführer Pfalz – Rheinhessen

Ausgewählt, abgeradelt
und beschrieben von
Professor Dr. Heinz-Egon Rösch

Deutscher Wanderverlag
Dr. Mair & Schnabel & Co. · Stuttgart

wandern+ radwandern

Die große Wanderbuch-Reihe
für grenzenloses Wandern

Zu diesem »KOMPASS-Radwanderführer«
die Generalkarte 1:200000 Blätter 15, 18
und die Großraum-Ausgabe Blatt 5
(Rheinland-Pfalz, Saarland, Hessen Süd)
(Mairs Geographischer Verlag, Stuttgart)

Gesamte Kartographie:
Mairs Geographischer Verlag
(Generalkarte 1:200000).
Übersichtskarten und Ausschnitte bearbeitet von
Ing.-Büro Adolf Benjes

Umschlagbild:
Radtour an der Deutschen Weinstraße
(*Foto:* Fremdenverkehrs- und Heilbäderverband
Rheinland-Pfalz e. V.)
und Bild auf Seite 2:
(*Foto:* Ulrich Schnabel)

4. aktualisierte Auflage 1997

ISBN 3-8134-0189-8

Satz: Gerda Kaul, D-73240 Wendlingen
Druck: Siegfried Roth, D-73277 Owen/Teck
Printed in Germany

Gedruckt auf 100% chlorfrei gebleichtes Papier

INHALT

Rundfahrten

Rheinhessen

Zu Tour 25 **Bad Kreuznach, Jugendherberge** (Foto: Klaus Puntschuh)

Pfalz

(Foto: Ulrich Schnabel)

Eschbach mit der Madenburg (Foto: Heinz Wittner)

Annweiler, Gerbergasse (Foto: Michael Klees)

HOTEL
Restaurant
Rebmann

Orts- und Sachverzeichnis

Die Nummern hinter den Ortsnamen geben die jeweilige Bezifferung der Radwanderung an

◀ **Radtour in Leinsweiler** (Foto: Südliche Weinstraße e.V.)

Waffenkammer auf der Burg Berwartstein (Foto: Michael Klees)

Mainz: Fischerstechen auf dem Rhein (Foto: Heinz-Egon Rösch)

Worms, Kaiserdom (Foto: Verkehrsamt Worms)

Bilderverzeichnis

Am Rheinufer in Mainz (Foto: Heinz-Egon Rösch)

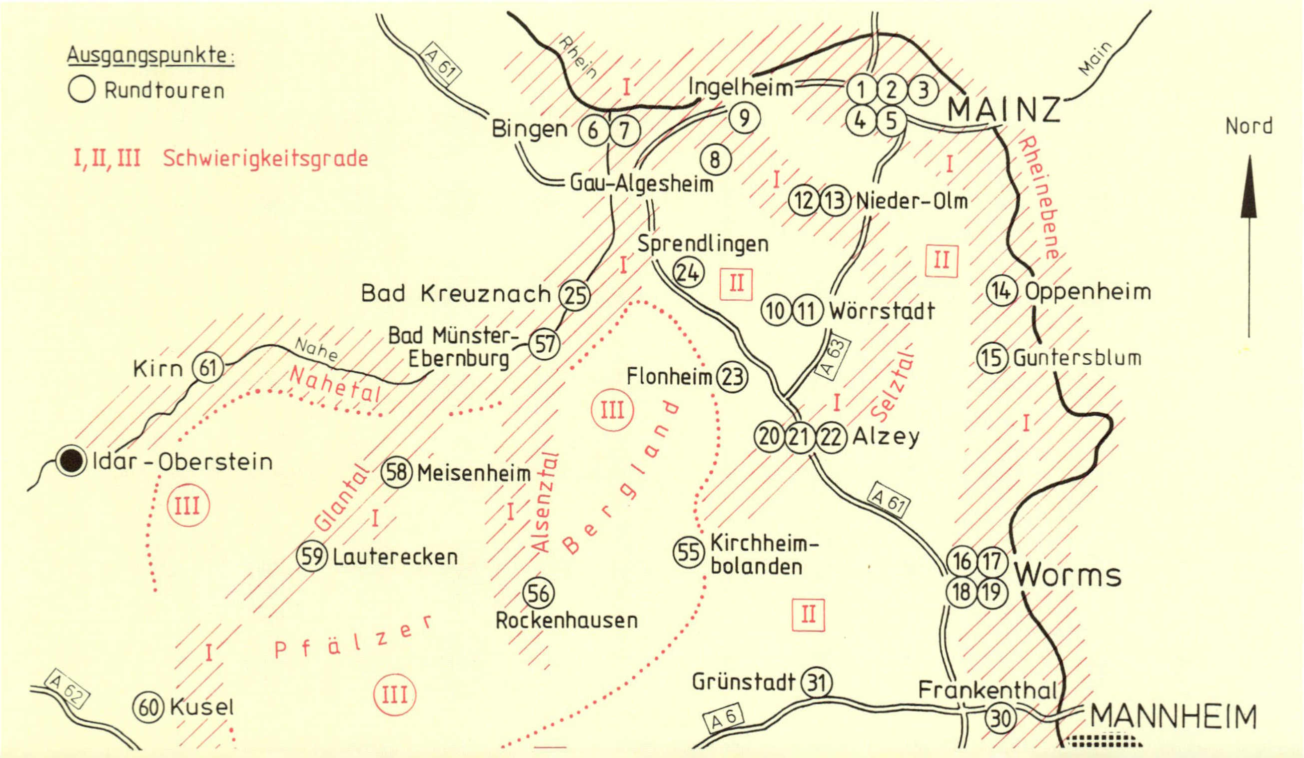
Ausgangspunkte:
Rundtouren
I, II, III Schwierigkeitsgrade
Nord
Rhein
Main
Nahe
MAINZ
Rheinebene
Ingelheim
Bingen
Gau-Algesheim
Nieder-Olm
Sprendlingen
Wörrstadt
Oppenheim
Guntersblum
Bad Kreuznach
Bad Münster-Ebernburg
Kirn
Nahetal
Flonheim
Selztal
Alzey
Idar-Oberstein
Meisenheim
Glantal
Alsenztal
Bergland
Kirchheim-bolanden
Lauterecken
Rockenhausen
Worms
Pfälzer
Grünstadt
Frankenthal
MANNHEIM
Kusel
A 61
A 63
A 6
A 62

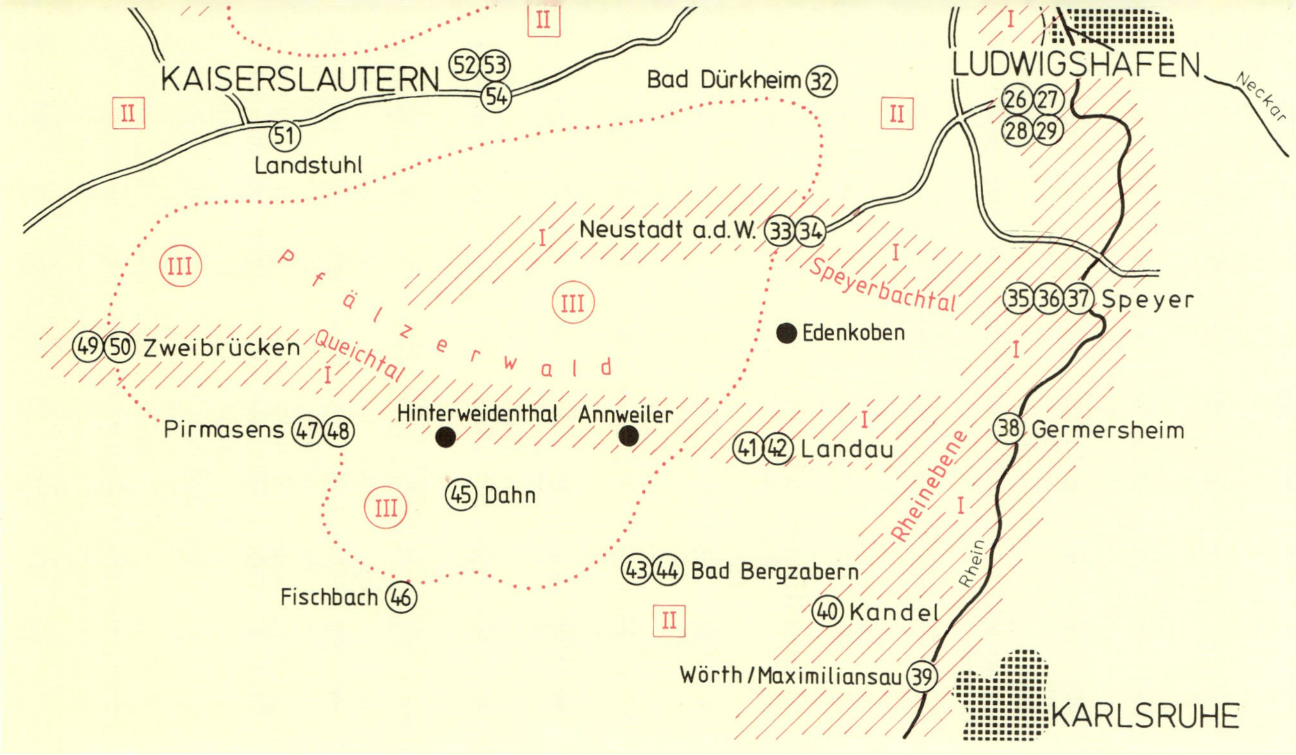

KAISERSLAUTERN 52 53 54
Landstuhl 51
Bad Dürkheim 32
LUDWIGSHAFEN 26 27 28 29
Neckar
Neustadt a.d.W. 33 34
Speyerbachtal
35 36 37 Speyer
Edenkoben
Pfälzerwald
49 50 Zweibrücken
Queichtal
Pirmasens 47 48
Hinterweidenthal
Annweiler
41 42 Landau
38 Germersheim
Rheinebene
Rhein
45 Dahn
43 44 Bad Bergzabern
40 Kandel
Fischbach 46
Wörth / Maximiliansau 39
KARLSRUHE
I
II
III

Vorwort

Seit einigen Jahren ist das Fahrradfahren wieder »in«. Nicht nur wegen dieser gegenwärtigen und hoffentlich andauernden »Modeerscheinung«, sondern auch aus dem Erlebnis der Landschaft und der Bewegung heraus ist es dem Verfasser ein Anliegen, vielen Menschen in Rheinhessen – Pfalz mit diesem Radwanderführer Anregungen und Hinweise für vielgestaltige Radtouren zu vermitteln.

Das Buch will ein Beitrag sein für eine im guten Sinne Steigerung des Selbstwertgefühls, der Lebensqualität, und es ist als ein positiver Aufweis zur Gestaltung der Freizeit und der Umwelt zu werten.

Heinz-Egon Rösch
Universitätsprofessor Dr. phil.

Umweltfreundliche Politik mit dem Fahrrad

Wer mit dem Fahrrad unterwegs ist, hat, heute mehr als zu früheren Zeiten, einige Schwierigkeiten zu überwinden. Da sind einmal die Straßen, die vom Autoverkehr überrollt werden. Solche Straßen finden sich in den Ballungsgebieten, in den Städten, aber auch manche Straßen, die über das weite Land ziehen, brodeln über von Verkehr. Hier macht das Fahrradfahren keinen Spaß! Dringende Abhilfe ist daher erforderlich, um in solchen Gebieten das Radfahren ohne Risiko zu ermöglichen. Das kann geschehen durch entsprechende Radwege und Radstreifen, die sich kreuz und quer durch die Städte ziehen und die radial nach draußen führen. In Rheinhessen – Pfalz gibt es Städte, die bereits ein gutes Radwege-Verbundnetz aufzuweisen haben. Trotzdem kommt der Ausbau nur schleppend voran und noch immer fordern radweglose Straßen ihre Opfer unter den Radfahrern. Zwar wird Radfahren immer ein Risiko bleiben, aber es kann erheblich eingedämmt werden, wenn genügend Radwege gebaut werden. Die steigende Zahl der Verkehrsteilnehmer von nahezu 40 Millionen Fahrradbesitzern – vornehmlich Kinder, Jugendliche, Schüler und Studenten, aber auch viele ältere Menschen – haben ein Anrecht auf sichere Wege. Bedenkt man, welche ungeheuren Steuersummen in den Autobahn- und Straßenbau fließen, so ist der bisher stiefmütterlich behandelte Radwegebau jetzt mit größter Dringlichkeit voranzutreiben. So steht am Anfang dieses Buches ein dringender Apell an die Ministerien und die Stadt-, Kreis- und Gemeindeverwaltungen:

Es ist eine politische, eine im echten Sinne umweltpolitische Notwendigkeit für die Sicherheit und das Wohlbefinden der Menschen zu sorgen, die mit dem Fahrrad unterwegs sind.

Dieses Buch kann zunächst nur das Vorhandene an Radwegen, befestigten Wirtschaftswegen und Straßen aufnehmen, die sich zum Radfahren mehr oder weniger gut eignen. Es gibt den Ist-Zustand wieder, der zu erstrebende Soll-Zustand wird noch einige Jahre auf sich warten lassen. Trotzdem kann man mit dem bereits vorhandenen Potential an geeigneten Wegen und Straßen etwas anfangen. Bei der einen oder anderen beschriebenen Radtour lassen sich manche »Engpässe« nicht vermeiden, die Vorsicht und Rücksicht vom Radfahrer und eine dynamische Anpassung an den Straßenverkehr gemäß den Verkehrsregeln erfordern.

Das Fahrrad ist also wiederentdeckt. Es hat in gegenwärtiger Gesellschaft eine ganze Reihe von Vorzügen aufzuweisen, die den Menschen zustatten kommen:

○ Es ist nicht teuer im Kauf und in der Unterhaltung
○ Es spart die Fahrpreise der öffentlichen Verkehrsmittel
○ Es entlastet die Innenstädte und Straßen vom überquellenden Verkehr und Berufsverkehr
○ Es spart Platz auf den Straßen
○ Es beansprucht keine luftverschmutzenden Energiequellen
○ Es hält die Luft sauber

Somit ist das Fahrrad das umweltfreundlichste Gefährt, für das es sich lohnt, Politik zu machen.

(Foto: Christina Garstecki)

Vom Nutzen des Radwanderns

Radwandern ist erholsam und anstrengend zugleich. In diesem »Wechsel- und Spannungsverhältnis« liegt seine Wirksamkeit begründet. Man profitiert vom Radwandern für sich persönlich und für andere, mit denen man unterwegs ist. Prinzipiell fördert das Radwandern die Gesundheit. Gemeint ist dabei nicht nur die körperliche Gesundheit, sondern auch die seelische und soziale Gesundheit im Sinne der Definition der UN-Weltgesundheitsorganisation. Das Erlebnis der Natur, die geselligen Formen des Radwanderns tragen ebenso wie die psychisch-motorische Kondition, die durch das Radwandern verbessert werden kann, wesentlich bei zum *ganzheitlichen leiblich-geistig-seelisch-sozialen Wohlbefinden.*

Zum Nutzen des Radwanderns kann man unter anderen folgende Aussagen treffen:

- Die *Gesundheit* wird verbessert, indem das Radwandern den Kreislauf stabilisiert und den Stoffwechsel anregt. *Es hält fit!*
- Es führt zur Verbesserung des *konditionellen Eigenschaftsniveaus,* vornehmlich der Kraft und der Ausdauer, aber auch der Geschicklichkeit. *Es gibt Kondition!*

(Foto: Klaus Puntschuh)

- Radwandern regeneriert überstrapazierte *seelische Beanspruchung* auf ein normales Maß. *Es baut Streß ab!*
- Es fordert *zur körperlichen Anstrengung heraus,* die sich im Kampf gegen Bewegungsmangel und seine Folgeerscheinungen positiv für das Gesamtbefinden und das persönliche Leistungsvermögen auswirkt. *Es bekämpft den Bewegungsmangel!*
- Der Radwanderer freut sich über seine vollbrachte »Leistung«, wenn er das Ziel seiner Radwanderung erreicht hat. *Es vermittelt Erfolgserlebnisse!*
- Radwandern führt zu einem *intensiveren Erlebnis* der *Umwelt* und der Landschaft, weckt *Freude* an der *Natur* und läßt *Kultur* und *Menschen* miteinander vertrauter werden. *Es sensibilisiert und kultiviert!*
- Neben dem Laufen und Wandern, dem Bergsteigen und Skilauf/Skiwandern, dem Rudern und Segeln ist Radwandern eine *umweltfreundliche Natursportart.* Es stellt einen Beitrag zum Schutze der Umwelt dar. *Es ist umweltfreundlich!*
- Radwandern trägt zum wünschenswerten Zeitvertreib bei. *Es ist erfüllte Freizeitaktivität!*
- *Gemeinsamkeiten* werden gepflegt, wenn man zu zweit oder in der Gruppe unterwegs ist. *Es hält Menschen zusammen!*
- Im zunehmenden *Alter* kann man im Sinne des lifetime-sports noch Fahrradfahren und Radwandern. *Es hält jung!*

So gesehen, lohnt sich das Radfahren und das Radwandern immer.

Radwanderungen in Rheinhessen – Pfalz

Die in diesem Buch dargestellten Radtouren sind nach einem ausgeklügelten System entstanden. Die Überlegungen galten zunächst der Abgrenzung des Gebietes, das für die Radtouren ausgesucht wurde.

Die Landschaften des behandelten Gebietes bieten geradezu ideale Vorbedingungen für Radtouren in ihrer abwechslungsreichen Vielfalt und in ihren entsprechenden Schwierigkeitsgraden.

Der Radwanderführer deckt sich in ungefähr mit dem Gebiet des heutigen Regierungsbezirks Rheinhessen – Pfalz (Sitz Neustadt/Weinstraße). Rheinhessen gehörte vor 1945 zu Hessen-Darmstadt, die Pfalz als bayerische Rheinpfalz zu Bayern. Lediglich im Nordwesten des Bezirks verlaufen die Grenzen anders. Unter geographischen Gesichtspunkten, die für das Radwanderbuch ausschlaggebend sind, handelt es sich bei der regionalen Einordnung um: 1. das Rheinhessische Tafel- und Hügelland, einschließlich Alzeyer Hügelland, mit der rheinhessischen Rheinebene, 2. die Pfälzische Rheinebene mit der Pfälzischen Rheinniederung als Teilgebiet der Oberrheinischen Tiefebene, 3. den Pfälzerwald mit Wasgau, Haardt und der vorgelagerten Weinstraße, 4. die Westricher Hochfläche mit dem Zweibrücker Hügelland und der Sickinger Höhe, 5. die Westpfälzische Niederung (Landstuhler Bruch) und 6. das Pfälzer Bergland mit dem Nordpfälzer und Westricher Bergland. Die äußeren Grenzen des Radwandergebietes sind der Rhein von Lauterburg bis Bingen, die Nahe von Bingen bis Idar-Oberstein, die saarländische und die deutsch-französische (elsässische) Landesgrenze.

Während in der Rheinebene und in den Tallagen keine Geländeschwierigkeiten bestehen, werden bereits im Rheinhessischen Tafel- und Hügelland, an der Weinstraße und auf der Westricher Hochfläche leichtere, im Pfälzerwald, im Pfälzer Bergland doch größere Geländeschwierigkeiten deutlich, die dem Radwanderer größere Anstrengungen bereiten. Die wechselnden Reize dieser Landschaft lassen aber so manche Anstrengungen wieder vergessen.

Mainz, Rheinland-Pfälzischer Landtag (Foto: Ulrich Schnabel)

Schwierigkeitsstufen (siehe Übersichtskarte). Die Schwierigkeitsstufen sind in drei Grade eingeteilt, die dem Radwanderer eine Hilfe bei der Planung geben und sein Leistungsvermögen auf die Erfordernisse der Radtouren abschätzen lassen sollen.

Schwierigkeitsgrad	Landschaft	Anforderungen beim Radwandern
I	Rheinhessische und Pfälzische Rheinebene, Tallagen von Nahe, Glan, Selz, Alsenz, Speyerbach, Queich, Lauter und Schwarzbach	keine, mitunter leichte Hügelwellen, geringe Anforderungen
II	Rheinhessisches Tafel- und Hügelland, Wasgau, Weinstraße, Westricher Hochfläche	Anstiege zwischen 50 und 200 m Höhenunterschied, mitunter je nach Kondition absteigen
III	Pfälzerwald, Pfälzer Bergland	Steigungen bis zu 450 m Höhenunterschied, für viele Radwanderer längeres Schieben des Rades

18 Punkte für Radfahrer und Radwanderer

1. *Grundregel* beim Radfahren auf der Straße ist das Verhalten des Radfahrers gemäß der *Straßenverkehrsordnung* mit allen Rechten und Pflichten.
2. Das *Rad muß in Ordnung sein:* Bremsen, Licht, Klingel, Rückstrahler, Reflektoren usw. müssen funktionieren. Flickzeug und Luftpumpe nicht vergessen. Das Flicken eines Rades will vorher gelernt sein.
3. Zur *Sicherheit* im Straßenverkehr empfiehlt es sich, knallig bunte Kleidung (gelb, orange, grün, rot) zu tragen. Für Kinder ist ein hochragendes Fähnchen oder eine Warnkelle ein gut sichtbares Schutzzeichen. Für die Dunkelheit eignen sich neben den obligatorischen, möglichst breiten Rückstrahlern auch Speichenreflektoren (Pflicht).
4. Nach Möglichkeit *verkehrsreiche Straßen* in den Städten, Bundesstraßen und stark befahrene Landstraßen *meiden.* Die besten »Fahrzeiten« sind am Samstag und Sonntagvor-

mittag (kein Lkw-Verkehr) und die Zeiten außerhalb der Spitzenverkehrszeiten. Sie liegen werktags zwischen 8.30 und 16 Uhr und nach 18 Uhr.

5. Für *Anfänger* empfehlen sich ruhige Straßen und Wege, auf denen zunächst etwa 10 Kilometer zurückgelegt werden, dann steigern auf 15, 20, 25 usw. Kilometer.
6. *Regenbekleidung* und Handschuhe als Kälteschutz sollten bei ungünstiger Witterung mitgeführt werden.
7. Zum Radwandern werden möglichst gute *Tourenkarten* im Maßstab 1:50000 (wie angegeben) benötigt, um sich unterwegs genau orientieren zu können. Auch örtliche Radwegekarten (Ludwigshafen, Speyer, Mainz oder Landkreise) können gut informieren.
8. *Wetter* und vor allem *Regen* und *Wind* sind Faktoren, die eine Radtour stark beeinflussen können. Deswegen empfiehlt es sich, die *Wettervorhersage* zu beachten und sich entsprechend einzustellen. Der Wind, besonders starker Gegenwind, macht dem Radfahrer zu schaffen, Rückenwind dagegen beflügelt.
9. Als Fahrrad eignet sich ein *stabiles Tourenrad,* nicht zu leicht aber auch nicht zu schwer. Es sollte eine Gangschaltung haben. Sie erleichtert die Bergfahrten und die Fahrten gegen den Wind.
10. Zum *Transport von Proviant,* Regenbekleidung und Verbandszeug eignet sich ein Korb, der am besten durch einen Gummizug auf dem kräftigen Gepäckträger verankert ist. Bei mehrtägigen Radtouren empfehlen sich Seitentaschen am Hinterrad und ein kleiner Gepäckträger für Karten und Proviant, der am Lenker angebracht wird.
11. Bei *Gruppenfahrten* stets auf den »schwächsten« Teilnehmer achten. Von Zeit zu Zeit sind »Treffpunkte« auszumachen, wenn individuelleres Fahren gewünscht wird.
12. *Ermüdungserscheinungen* oder Schwierigkeiten bei Steigungen, bei Gegen- und Seitenwind, lassen sich leichter bewältigen durch einen kleinen pychologischen Trick, wenn man 5mal rechts, dann 5mal links stärker in die Pedale tritt und dabei leise vor sich hinzählt: 1 – 2 – 3 – 4 usw.
13. Man sollte regelmäßig den *Puls kontrollieren,* ob er sich entsprechend des jeweiligen Alters und der Konstitution in normalen Bahnen bewegt. Radwanderer mit hohem Blutdruck müssen sich vor Überanstrengungen hüten. Für Menschen mit niedrigem Blutdruck ist das Radwandern zur gesundheitlichen Stabilität sehr anregend. Eine regelmäßige (sport)ärztliche Untersuchung ist immer angebracht.

Mainz, Dom, Westchor (Foto: Heinz-Egon Rösch)

14. Die *Ernährung* beim Radwandern sollte so ausgesucht werden, daß sie sowohl Kohlehydrate als auch genügend Eiweißstoffe im herkömmlichen Maße und vor allem Vitamine enthält. Durch das Schwitzen gehen dem Körper auch Mineralien verloren, die ersetzt werden müssen. Gewürzte Suppen, leichte Fleisch- und Käsespeisen, Haferflockenmüsli, nicht zuviel Gemüse, Salat oder Obst und als Getränke Tee, Kaffee, Mineralwasser, Milch, Säfte, abends Bier oder ein Glas Wein sind zur Ernährung und zur Gaumenfreude geeignet.
15. Während einer längeren Radwandertour sollte man alle zwei bis drei Stunden eine *Rast* einlegen und leichtverdauliche Getränke und Kost zu sich nehmen. Als Rastplatz wähle man eine landschaftlich schöne und ruhige Umgebung, eine kulturhistorische Stätte (Burg, Ruine, Marktplatz usw.) oder ein gemütliches Gasthaus.
16. Der *Transport von Fahrrädern* geschieht auf dem Dach eines Pkw mit entsprechenden Träger- und Haltevorrichtungen, die im Fachgeschäft zu kaufen sind. Besser eignet sich ein Kombi-Wagen oder ein Kleinbus. Auch auf die Möglichkeit des Transportes von Fahrrädern in den Gepäckwagen der Eisenbahnzüge sei hingewiesen. Man besorge sich eine Fahrradkarte am Fahrkartenschalter. Das Verladen des Rades muß selbst durchgeführt werden. Nicht jeder Zug hat einen Gepäckwagen. Daher sollte man vorher das Kursbuch studieren.
17. Ist einmal die Luft aus dem Reifen heraus und der Reifen hat einen *Platten* bekommen, so kann man ihn selbst flikken, wenn man in dieser Arbeit geübt ist und Flick- und Werkzeug dabei hat. Für viele aber bringt ein platter Reifen Ärger und Verdruß. Man weiß sich nicht zu helfen – besonders beim Hinterrad mit Gangschaltung. Ist eine Tankstelle mit Werkstatt in der Nähe, so sollte man das Fahrrad dorthin schieben und nachfragen, ob dort das Rad geflickt werden kann. Das ist einfacher, weil alle Werkzeuge vorhanden sind und die Reparatur schneller durchgeführt werden kann. (Ersatz-Schlauch mitführen!)
18. Ist man einmal in einer *ausweglosen* Situation und man weiß nicht mehr, wie man weiterfahren soll, dann sollte man unbedingt Ortskundige nach dem Weg fragen. Sie geben gerne Auskunft und manchmal entwickelt sich dabei auch ein munterer Plausch.

Vorbemerkungen zum Radtouren-Raster

Das Radtouren-Raster ist folgendermaßen aufgebaut:

1. **Nummer der Radwanderung mit Ortsangaben**
2. **Schwierigkeitsstufe** entsprechend der Übersichtstabelle »Schwierigkeitsstufen« und der Übersichtskarte
3. **Tourenlänge** mit Angabe in Kilometern, leichte Abweichungen möglich
4. **Fahrzeit,** wobei es sich um die reine Fahrzeit (ohne Pausen, Rast, Besichtigungen usw.) handelt, gedacht für Radfahrer mit durchschnittlichem Leistungsvermögen
5. **Höhenunterschiede** werden im Verhältnis von Höhenmetern zu Längenmetern (Kilometern) ungefähr angegeben.
6. **Karten** sind in der Regel die der Landesvermessungsämter im Maßstab 1:50000 oder 1:100000. Sie sind am besten von dort zu beziehen oder in guten Buch- und Schreibwarenhandlungen zu erhalten. Als weiteren Kartenhinweis: Mairs Generalkarte 1:200000 Blatt 15 und 18
7. **Wissenswertes** in Kurzform: historische, landschaftliche und kulturelle Daten zur Erstinformation
8. **Tourenbeschreibung,** die die Verlaufsdarstellung der Radwanderung enthält, wobei in der Regel die Entfernungen zwischen den einzelnen Orten, die Steigungen und die Abfahrten und die Kursänderungen angegeben und auf Gefahrenpunkte aufmerksam gemacht werden
9. **Rundwanderskizze,** die die ganze Rundwanderung in einer Übersicht darstellt, wobei mit roter Farbe die empfohlene Strecke eingezeichnet ist.

   Hinweis: Im Laufe der Zeit gibt es mitunter Änderungen von Straßen und Wegen, die aufgegeben oder abgeschnitten oder aber auch neu angelegt werden. Für die Angabe von Änderungen und generell für begründete Verbesserungsvorschläge sind Verfasser und Verlag dankbar.

Viele Radwanderwege/-empfehlungen sind in Rheinland-Pfalz einheitlich mit einem grünen Schild (Symbol Fahrrad, Pfeil und Ortsangabe) versehen. Sie dienen einer guten Orientierung!

Neu-Bamberg: Kandelpforte (Foto: Heinz-Egon Rösch)

Was versteht man unter Radwandern?

Ähnlich wie das Wandern zu Fuß, ist das *Radwandern* eine Fortbewegung in der Freizeit (Tages-, Wochenend-, Urlaubs-, Ferienfreizeit), wobei man sich des Fahrrades bedient. Radwandern ist keine Sportart im Sinne des *Radsportes.* Es ist nicht wettkampfbezogen und gehört auch nicht zur sogenannten »Radtouristik«, die wettbewerbsmäßig auf Vereins- und Verbandsebene durchgeführt wird. Das *Volksradfahren* (mit Medaillen bzw. Urkundenvergabe) gehört im gewissen Sinne zum Radwandern, weil hierbei der Wettbewerbscharakter einer solchen Veranstaltung nahezu ausgeschlossen bleibt. Das *Radwandern* selbst soll Freude an der Bewegung mit dem Rad vermitteln. Dabei spielen der Zeitfaktor oder gar die Zeitmessung keine Rolle.

Radwanderungen können sowohl aus Rundfahrten als auch aus Streckenfahrten oder thematischen Fahrten (z.B. Burgenfahrt, Kunstfahrt, Blütenfahrt, Fahrt durch ein Weinbaugebiet) bestehen, Radtouren, die vorwiegend durch landschaftlich schöne Gebiete nach Möglichkeit abseits von verkehrsreichen Straßen führen. Man bevorzugt ruhige Landstraßen, Kreisstraßen, befestigte Land- und Forstwirtschaftswege, Deichwege, Heckenwege, Fahrradwege. Sie können als Halbtags-, Tages-, Mehrtages-, Wochen- und Monatsfahrten durchgeführt werden und sowohl bei kürzeren Fahrten die Umgebung des Wohnortes, des Urlaubs- oder Ferienortes berücksichtigen, als auch durch ein ganzes Land oder mehrere Länder (auch Kontinente) führen. Man wandert mit dem Rad einzeln oder in Gruppen (Jugendgruppen, Familien, Vereinsgruppen, Schülergruppen usw.). Beim Radwandern schiebt man auf größeren Steigungen das Fahrrad, desgleichen bei weniger günstigen Wegverhältnissen. Man wandert dann zu Fuß mit dem Rad. Die Tagesstrecken, die zurückgelegt werden, liegen zwischen 40 und 80 Kilometern, können bei guter Kondition auch bis zu etwa 200 Kilometer reichen. »Kilometerfressen« jedoch ist verpönt!

Fahrradfahren macht viel Vergnügen,
wenn Du bist fit – kaum kleinzukriegen.
Doch wird die Fahrt schnell zur Tortur,
wenn Du schaust immer auf die Uhr.
Drum radle lediglich so viel,
bis Du kommst fröhlich an DEIN Ziel!

1 Mainz – Mombach – Budenheim – Heidesheim – Ingelheim – Heidesheim – Finthen – Gonsenheim – Mainz

Schwierigkeitsstufe I/II.
Tourenlänge 41 Kilometer.
Fahrzeit 3–4 Stunden.
Höhenunterschiede Insgesamt 200 Meter, 100 Meter hinter Ingelheim auf dem »Mainzer Weg« und 100 Meter hinter Heidesheim (Rückfahrt) in Richtung Sandmühle/Finthen, beide auf 1 km.
Karten 1:50000 Rad-Wanderkarte Mainz und Rheinhessen; 1:200000 Generalkarte Blatt 15.

Wissenswertes *Mainz,* Landeshauptstadt von Rheinland-Pfalz und Universitätsstadt. Große historische Tradition von der Römerzeit an. Hier residierte der Erzkanzler des Reiches, Kurfürst und Erzbischof seit Bonifatius (gestorben 754). Geburtsort des Erfinders der Buckdruckkunst Johannes Gutenberg. Sehenswerte Bauten: Dom St. Martin, doppelchörige Anlage (10.–18. Jahrhundert) mit den Domplätzen, Kirchen: St. Stephan mit Kreuzgang (gotisch) und Glasfenstern von Marc Chagall, St. Quintin, St. Antonius und Karmeliterkirche (alle gotisch), St. Peter, Augustinerkirche und St. Ignatius (alle spätbarock). Evangelische Johanniskirche (merowingisch bis gotisch) und Christuskirche (Neu-Renaissance). – Kurfürstliches Schloß (16.–18. Jahrhundert), Adelshöfe: Schönborner-, Erthaler-, Osteiner-, Dalbergerhof. Mittelalterliches Heilig-Geist-Hospital, Neues Rathaus von Arne Jacobson und Otto Weitling. – Museen: Weltmuseum der Druckkunst (Gutenberg-Museum) mit Gutenbergbibeln, Römisch-Germanisches Museum, Mittelrheinisches Landesmuseum, Dommuseum, Naturhistorisches Museum – Sitz des Zweiten Deutschen Fernsehens ZDF. – Mainzer Fastnacht.
Ingelheim ist bekannt als Pfalz Karls des Großen (gestorben 814) und Geburtsort des Kosmographen Sebastian Münster (gestorben 1552). – Aus der karolingischen Zeit stammt das Bad und die Saalkirche (Ingelheim-Mitte), romanisch ist der Turm der Kirche St. Remigius und romanisch-gotisch die Burgkirche (Ingelheim-Süd) mit Tor- und Mauergürtel. In Ingelheim weilten gern die karolinigischen und ottonischen Kaiser und hielten dort Reichstage ab. – Rotweinstadt, Internationale Tage. Sebastian-Münster-Denkmal von Karlheinz Oswald zur 500-Jahr-

Kiedrich
Eltville a.Rhein (90)
Walluf
Ober-walluf
Nieder-walluf
Erbach
Hattenheim
Eichberg
Wacholderhof
Neuhof
Am Rebhang
R. Scharfenstein
Valentins-K.
St. Michael
Burg Craß
St. Peter u. Paul
Schl. Reinhartshsn.
Schl.Reichartshsn.
Preuß.Hof
Heidenfahrt
Sandhof
Rhein
Schierstein
Budenhm.
Schloß Biebrich
Biebrich
Peters-B. 145
Amöneburg
Delkenhm.
Mechtildshsn.
Kastel
Hochheim a. M. (129)
Kosthm.
Mainz
ADAC
Röm.-Germ. Mus.
St. Quintin
Augustinerk.
Gutenbg. Mus.
St. Stephan
Gonsenhm. (120)
Uhlerborn
Heidesheim a.Rhein
Finthen
Wackernheim
Ingelheim-Nord
Ingelheim-Mitte
Kaiserpfalz
Ingelhm. a.Rhein
Ingelheim-Süd
Burgkirche
Bismarck-T.
Schl. Ardeck
Gau-Algesheim
Haxthäuserhof
Mainzer-B. 240
Gr.-Winternhm.
Schwabenheim a.d. Selz
Essenheim
Appenheim
Selz
Welzbach
Enzibg.
Layenhof
Drais
ZDF
Lerchenberg
Zahlbach
Bretzenhm.
Marienborn
Hechtshm.
Weisenau
Laubenhm. (100)
Klein-Winterheim
Bodenhm.
Ginshm.-Gustavsbg.
Gustavsbg.
Ginsheim
Rheinhessen
E42
60
63
643
671

Feier vor der Remigiuskirche (1988). Modernes Rathaus und Marktzentrum.

Tourenbeschreibung Vom *Rathaus* am *Rheinufer* in nördlicher Richtung unter der *Theodor-Heuss-Brücke* hindurch, am Rheinufer entlang und über den Feldbergplatz auf den Radweg der Rheinallee. Geradeaus unter der Bahn hindurch und durch das Industriegebiet von *Mombach* (3 km). Man läßt die Auffahrt zur Schiersteiner Brücke links liegen und unter dieser Brücke hindurch fährt man entlang des Rheindammes, biegt am Kreuzerhof links ab. Vor der Bahnlinie rechts abbiegen. Entlang der Bahn erreicht man den Bahnhof *Budenheim* (4 km). Dort den grünen Radschildern Richtung »Heidesheim, Heidenfahrt« folgen zum Nordrand der »Blauen Adria«. Entlang des Dammes nach *Heidenfahrt* (6 km) – mit schöner Aussicht auf den Rhein, den Rheingau und den Taunus.

Von Heidenfahrt die Ortsverbindungsstraße nach *Heidesheim* (2 km), unter der Bahn hindurch und geradeaus in die Bergstraße (Kopfsteinpflaster). Nächste Straße rechts in die Berndes-Allee. Man fährt zum Kapellchen, dort links – leicht ansteigend – zur römisch-karolingischen Wasserleitung. Durch die Obstfelder kommt man nach *Ingelheim-Mitte* (5 km). Dort durchquert man die karolingische Kaiserpfalz mit der Saalkirche, gelangt zum alten Rathaus und fährt rechts (frei für Radfahrer) zur Remigiuskirche mit Sebastian-Münster-Denkmal. Von Ingelheim-Mitte fährt man durch die Ortsverbindungsstraße, die Grundstraße, nach *Ingelheim-Süd* (1 km) mit seiner Burgkirchenanlage.

Hinter der Burgkirche führt der Weg ostwärts wieder in Richtung Mainz auf dem »Mainzer Weg«, einem asphaltierten Weinbergweg, durch die Reblagen des Ingelheimer Rotweingebietes. Er steigt auf etwa einem Kilometer um 100 Meter Höhe an zum ostrheinhessischen Plateau. Von dort genießt man – rückwärtsschauend – einen herrlichen Blick auf Ingelheim, den Bismarckturm auf der Waldeck, die Rheinuferlandschaft, den Rheingau und die Taunushöhen auf der anderen Rheinseite. Der Weg führt weiter durch Obstbaumfelder bis zur Straße Ingelheim – Wackernheim, der man etwa einen Kilometer folgt nach *Wakkernheim* (4 km). Dem Wegweiser »Heidesheim« folgend, gelangt man abwärtsfahrend durch Wackernheim wieder nach *Heidesheim* (2½ km) Ortsmitte. Von hier folgt man der Straße Richtung Budenheim/Gonsenheim und biegt am östlichen Ortsende an der Klausmühle rechts ein in das Mühltal (Eulenmühle, Neumühle) zur *Sandmühle* (2 km). Von dort links abbiegend, dann nach etwa 150 Metern rechts bergauf über die »Schafstrift« nach *Finthen* (3 km), das man beim Friedhof erreicht. In

Finthen fährt man durch die Ketteler-, Hutten-, Waldthausener- und Poststraße zur Straße »An der Steige«, diese hinauf durch das Neubaugebiet Katzenberg über die Brücke der A 60 auf der »Alten Finther Landstraße« nach *Gonsenheim* (3 km) und weiter auf dem grün beschilderten Radweg durch das Gonsbachtal nach *Mainz* (3 km) zurück.

2 Mainz – Lerchenberg – Schwabenheim – Elsheim – Stadecken – Nieder-Olm – Klein-Winternheim – Marienborn – Bretzenheim – Mainz

Schwierigkeitsstufe I/II.
Tourenlänge 35 Kilometer.
Fahrzeit 3–4 Stunden.
Höhenunterschiede Insgesamt 200 Meter, 100 Meter von Mainz nach Lerchenberg, 100 Meter von Klein-Winternheim nach Castell Pfaffenstein.
Karten 1:50000 Rad-Wanderkarte Mainz und Rheinhessen; 1:200000 Generalkarte Blatt 15.
Wissenswertes *Mainz* (wie Tour 1). – *Lerchenberg* Gebäude des Zweiten Deutschen Fernsehens ZDF in moderner Architektur und Landschaftsgestaltung (Zugang nur mit Voranmeldung). Der Ort ist als Trabantenstadt zur 2000-Jahr-Feier von Mainz (Baubeginn 1962) entstanden. In der katholischen Kirche schön gestaltete Fenster von Georg Meistermann (Kreuzweg, Auferstehung). – *Schwabenheim* Ortsbild Marktplatz und Reste der ehemaligen Benediktiner-Propstei Pfaffenhofen. Die katholische Pfarrkirche enthält kunstvoll gestaltete karolingische Bauteile (Türsturz). – *Marienborn,* barocke Wallfahrtskirche.

Tourenbeschreibung Am besten beginnt man die Fahrt am *Universitätsstadion* der Johannes-Gutenberg-Universität und fährt auf der Albert-Schweitzer-Straße nach *Bretzenheim* (1 km) durch die Draiser Straße bis zum Ostergraben, dann links 300 m bis zum Weg »Im Tiefental«; dann durch die Gemarkung auf asphaltierten Feldwegen geradeaus unter der Eisenbahnlinie Mainz – Alzey und der Autobahn A 60 hindurch nach kurzem Anstieg, dann links abbiegend zum Stadtteil *Mainz-Lerchenberg* (4 km), den man an einem kleinen Weiher in Höhe der Carl-Zuckmayer-Schule erreicht. Die Radwege sind mit grünen

Schildern gekennzeichnet. Von hier aus durch die Hebbelstraße und Büchner-Allee (rechts) bis zur Kirche, davor links in den Wald, überquert man *(Vorsicht!)* die Straße Drais – Waldhaus – Ober-Olm und fährt dann geradeaus durch den Ober-Olmer Wald (Wegweiserschilder beachten!) bis zum Parkplatz am westlichen Ende des Ober-Olmer Waldes an der Straße Lerchenberg (Waldhaus) – Wackernheim. Diese Straße in Richtung Wackernheim bis kurz vor den Schießständen (etwa 1½ km) fahren und dann links und gleich wieder rechts auf einen asphaltierten Landwirtschaftsweg einbiegen. Vorbei an einer militärischen Radiostation gelangt man, immer geradeaus, später durch die Weinberge, in das Selztal nach *Schwabenheim* (9 km). Sodann auf dem Radwanderweg im Tal der Selz nach *Elsheim* (3 km) über die Brücke der Selz, dann links durch das Neubaugebiet nach *Stadecken* (1 km). In der Ortsmitte in östlicher Richtung zur Selz. Dort dem Radwegschild (grün) folgen, der Selz entlang, dann im rechten Winkel hinauf zur Straße und dort auf den Radweg nach *Nieder-Olm* (5 km). In Nieder-Olm Schild »Mainz« folgen und auf dem Radweg durch die Unterführung der Bahnlinie Mainz – Alzey nach *Klein-Winternheim* (4 km). In Klein-Winternheim rechts in die Hauptstraße einbiegen und im Mainzer Weg eine 700 Meter lange stärkere Steigung hinauf zum »Castel Pfaffenstein« (Blick auf Mainz, das Rhein-Main-Gebiet und den Taunus – bei günstiger Sicht bis zum Feldberg [880 Meter] –) und von dort auf abfallender Straße nach *Marienborn* (4 km). Von Marienborn auf dem Radweg nach *Bretzenheim* (2 km) und durch das Zahlbachtal (Römerstein, röm. Wasserleitung) nach *Mainz* (2 km).

3 Mainz – Hechtsheim – Ebersheim – Zornheim – Nieder-Olm – Ober-Olm – Lerchenberg – Drais – Mainz

Schwierigkeitsstufe I/II.
Tourenlänge 34 Kilometer. **Fahrzeit** 3–4 Stunden.
Höhenunterschiede Insgesamt 200 Meter, bis Zornheim ganz allmählich etwa 100 Meter, vor und in Ober-Olm auf 2 Kilometer 150 Meter Höhe.
Karten 1:50000 Rad-Wanderkarte Mainz und Rheinhessen; 1:200000 Generalkarte Blatt 15.
Wissenswertes *Mainz* (wie Tour 1). – *Nieder-Olm* spätromanischer Kirchturm und barocke Fassade der katholischen Kirche, Geburtsort des Heimatdichters Wilhelm Holzamer (gestorben 1907). – *Lerchenberg* (wie Tour 2).

Tourenbeschreibung Vom Drususwall (Grüngürtel) hinter der Zitadelle von *Mainz* fährt man durch die Neumannstraße, überquert die »Goldgrube« und weiter durch den langgezogenen Ebersheimer Weg geradeaus unter der Autobahn hindurch in den »Schinnergraben« nach *Hechtsheim* (3 km). Durch die Ortsmitte und die Mörschstraße in südlicher Richtung folgt man der sich leicht schlingenden, baumbestandenen, landschaftlich schöneren Militär- oder Kesseltalstraße bis zur »Gaustraße« Mainz – Harxheim, überquert diese (besondere Vorsicht!) und fährt weiter, jetzt dem grünen Radwegschild folgend, nach *Ebersheim* (7 km). Von Ebersheim am westlichen Ortsende auf der Land-

straße nach *Zornheim* (3 km). An der ersten Kreuzung rechts ab nach kurzem Anstieg in Richtung Nieder-Olm abfallende Straße, am Sonnenhof vorbei, durch die Weinberge nach dem Verwaltungsmittelpunkt *Nieder-Olm* (3 km). Am Rathaus rechts abbiegen auf der Hauptstraße Richtung Mainz bis zur Straße nach Stadecken – Elsheim. Am Ortsende rechts in den Mühlweg (unter der Autobahn Alzey – Mainz hindurch) auf aufsteigendem Weinbergweg hinauf nach *Ober-Olm* (5 km), dann Richtung Mainz zum *Waldhaus* (3 km). Dort die Straße überqueren nach *Mainz-Lerchenberg.* Geradeaus auf dem bequemen Radweg (Theo-Riedel-Weg), dann entlang der Obstkulturen mit

Ausblick auf das Rhein-Main-Gebiet nach *Drais* (3 km). In Drais durch die Ober-Olmer-Straße, Dorfstraße und die Seminarstraße, dem grün-weißen Radschild folgen, in Richtung Mainz bis zur Autobahn A 60, dann wieder rechts bis zum Tiefentaler Weg, links unter der Autobahn und der Bahnlinie Mainz – Alzey hindurch nach *Bretzenheim* und weiter durch das Zahlbachtal nach *Mainz* (8 km).

4 Mainz – Weisenau – Laubenheim – Nackenheim – Nierstein – Oppenheim – Dexheim – Schwabsburg – Mommenheim – Gau-Bischofsheim – Bodenheim – Laubenheim – Weisenau – Mainz

Schwierigkeitsstufe I/II.
Tourenlänge 48 Kilometer.
Fahrzeit 4–5 Stunden.
Höhenunterschiede 130 Meter, zwischen Oppenheim und Dexheim 100 Meter Höhe auf 1,2 Kilometer und hinter der Schwabsburg Richtung Mommenheim 30 Meter auf 1 Kilometer.
Karten 1:50000 Rad-Wanderkarte Mainz und Rheinhessen; 1:200000 Generalkarte Blatt 15.
Wissenswertes *Mainz* (wie Tour 1). – *Nackenheim,* barocke Kirche, Rathaus, Geburtsort des Schriftstellers Carl Zuckmayer (geb. 1896, »Fröhlicher Weinberg«). – *Nierstein,* Martins- und Kilianskirche (12.–18. Jh.), Weinberglage »Niersteiner Domtal«. – *Oppenheim,* alter Marktplatz, Rathaus und gotische Katharinenkirche mit Karner (Beinhaus), teilweise ist die mittelalterliche Stadtbefestigung erhalten. Ruine Landskrone, ehemalige Reichsburg der Reichsstadt Oppenheim. Fachwerkhäuser. Deutsches Weinmuseum. – *Dexheim,* ehemaliges Reichsdorf, Dorfgemeinschaftsplatz und Spielgelände. – *Schwabsburg,* Ruine Schwabsburg mit wuchtigem Turm aus dem 12. Jahrhundert. – *Bodenheim,* Fachwerkrathaus mit Erker, Gutshöfe, und Adelshöfe aus dem 17. und 18. Jahrhundert. Wallfahrtskapelle Maria Oberndorf.

Tourenbeschreibung Vom Rathaus in *Mainz* in südlicher Richtung am Rheinufer entlang zum Winterhafen und unter der Eisenbahnbrücke Mainz – Frankfurt/Darmstadt hindurch auf

BIEBRICH
Schloß Biebrich
DELKENHM.
Mechtildshsn.
MASS
Peters-B.
145
AMONE-BURG
Rhein
671
U62
U63
455
KASTEL
HOCHHEIM a. M.
(129)
udenhm.
643
MAINZ
175
84
U9
U6
Röm.-Germ. Mus.
2,5
ADAC
GONSENHM.
(120)
St. Quintin
Gutenbg.-Mus.
Augustinerk.
KOSTHM.
Bisc
128
St. Stephan
Gustavsbg.
ZAHLBACH
Ginshm.-Gustavsbg.
60
E42
BRETZEN-HM.
WEISENAU
84
Ginsheim
ZDF
MARIENBORN
HECHTSHM.
LAUBENHM.
(100)
CHENBERG
63
163
Landgraben
Klein-Winternheim
Bodenhm.
93
84
180
211
Silberberg
243
Mühlberg
EBERSHM.
Nackenhm.
Hohe
Gau-Bischofshm.
138
144
Nieder-Olm
(123)
Harxheim.
Lörzweiler
176
Königsstuhl
Zornheim
Sörgenloch
Hess
237
Selzerberg
Mommenheim
Nierstein
(85)
Wahlheimerhof
Schwabsburg
Kornsand
130
Selzen
Hahnheim
Ruine Landskrone
OPPENHEIM
209
Farrenberg
Köngernheim a. d. S.
Dexheim
420
150
Undenheim
Dien
Friesenheim
Selz
Dalheim
171

dem »Leinpfad« nach *Weisenau* (3 km) und weiter um das Werksgelände der Portland-Zementwerke, dem ausgeschilderten Weg folgend unter der Autobahnbrücke der A 60 hindurch zum Pionierübergang bei *Laubenheim* (2 km). Der kleine Yachthafen und Campingplatz wird umfahren und auf dem Leinpfad unmittelbar am Rheinufer radelt man durch die schöne Rheinlandschaft. (Bei starkem Regen auf den Betonweg auf der anderen Dammstraßenseite ausweichen.) In *Nackenheim* (7 km) unter der B 9 hindurch auf die Rheinstraße und beim Bahnhof durch die Unterführung auf die alte B 9. An den Ausläufern des Rotliegenden vorbei fährt man zunächst auf der alten B 9 bis zum Bahnübergang und dann rechts der Bahnlinie durch die Weinberge nach *Nierstein* (5 km). In Nierstein nach Möglichkeit nicht die stark befahrene B 9 am Rheinufer benutzen, sondern die Straßen rechts der Bahnlinie durch die Abtsgasse und den Bahnpfad in die »Bleiche« und von dort durch die Wörrstädter Straße zum Bahnübergang Richtung Oppenheim, muß dann allerdings etwa 250 Meter die B 9 fahren, um zum nächsten Bahnübergang in *Oppenheim* (2 km) zu gelangen.

Jugendgästehaus Mainz.
Das Jugendgästehaus liegt im Freizeitgelände »Volkspark«, oberhalb des Rheins, etwa gegenüber der Mündung des Mains.

In Oppenheim fährt man zum historischen Marktplatz, an dem auch die prächtige gotische Katharinenkirche liegt. In westlicher Richtung verläßt man Oppenheim auf der steil ansteigenden Straße (100 m Höhe auf 1,2 km) – auf der Höhe weiter Ausblick auf die Rheinlandschaft und Rheinebene bis zum Odenwald –, um nach *Dexheim* (4 km) zu gelangen. Von Dexheim in nördlicher Richtung überquert man zunächst die B 420 und fährt bergab durch die Weinberge nach *Schwabsburg* (3 km) und von der Ortsmitte links talaufwärts mit allmählicher Steigung auf der Straße Richtung *Mommenheim* (4 km). Vor Mommenheim auf dem neuen Radweg der ehemaligen Bahnlinie – an Harxheim vorbei – direkt nach *Gau-Bischofsheim* (5 km). Von hier aus fährt man auf dem Radweg entlang der Straße durch die Weinberganlagen nach *Bodenheim* (3 km). Der nun entlasteten B 9 entlang (Radweg in Planung), gelangt man über *Laubenheim* (4 km) und *Weisenau* (2 km) – von dort wieder den »Leinpfad« am Rheinufer benutzen! – wieder nach *Mainz* (3 km).

5 Rund um Mainz: Mainz – Mombach – Budenheim – Gonsenheim – Finthen – Drais – Lerchenberg – Marienborn – Ebersheim – Hechtsheim – Laubenheim – Weisenau – Mainz

Schwierigkeitsstufe I/II.
Tourenlänge 44 Kilometer.
Fahrzeit 4–5 Stunden.
Höhenunterschiede 50 Meter Höhenunterschied zwischen Budenheim und Gonsenheimer Wald und 40 Meter hinter Finthen Richtung Drais – Anstieg zur »Laubenheimer Höhe« etwa 50 Meter Höhenunterschied.
Karten 1:50000 Rad-Wanderkarte Mainz und Rheinhessen; 1:200000 Generalkarte Blatt 15.
Wissenswertes Bereits in Tour 1 und 2 beschrieben.

Tourenbeschreibung Wie in Tour 1 beginnt die Tour »Rund um Mainz« am Rathaus, man kann aber auch an jedem beliebigen Ort, der an diesem »Rundkurs« liegt, mit der Fahrt beginnen. Zunächst Fahrt am Rheinufer entlang, dann Rheinallee, Industriegebiet *Mombach* (3 km), dem Rheindamm entlang, bis vor Budenheim. Beim »Kreuzerhof« biegt man links ab und fährt bis zur Straße Mombach – Budenheim, überquert diese (Vorsicht!), fährt etwa 200 Meter geradeaus und biegt rechts in die Mombacher Straße in *Budenheim* (4 km) ein. Diese Straße ganz durchfahren bis zur Gonsenheimer Straße links hoch mit stärkerer, wenn auch kurzer Steigung durch die Obstfelder zum Gonsenheimer Wald. Dieser wird geradeaus, an der Wendelinskapelle vorbei, durchfahren, über die Autobahn A 643 bis zur Vierzehn-Nothelfer-Kapelle kurz vor *Gonsenheim* (3 km). Bereits seit Ortsende von Budenheim konnte man sich an den grünen Radwegweisern orientieren, gleiches gilt auch für die Weiterfahrt von der Vierzehn-Nothelfer-Kapelle nach *Finthen* (3 km), obwohl man besser durch die Vierzehn-Nothelfer-Straße – mit Überquerung der Straße nach Heidesheim – fährt, um nach Finthen zu gelangen.

In Finthen fährt man durch die Poststraße zur Kurmainzstraße, überquert diese (Ampel), und, nach kurzem Anstieg, geradeaus. Vor dem Ober-Olmer Wald links abbiegen zu den Sportanlagen von *Drais* (4 km). Dort über die Umgehungsstraße (Vorsicht!) geradeaus zur Straße »An den Platzäckern« bis rechts zum grünen Radwegschild Lerchenberg, und weiter in südlicher Richtung durch die Obstbaumfelder nach *Lerchenberg* (2 km), das man bei dem Weiher in der Nähe der Hochhäuser erreicht. Von dort am Carl-Zuckmayer-Schulzentrum vorbei zur Regerstraße und links zur Brucknerstraße rechts vor bis zur Straße Bretzenheim – Waldhaus – Essenheim. An der Ampel die Straße überqueren und auf dem Radweg des neuen Gewerbegebietes zur Straße nach Marienborn, dort benutzt man den Rad- und Wirtschaftsweg entlang der Straße bis zur Bahnlinie Mainz – Alzey und der Unterführung nach *Marienborn* (3 km). In Marienborn folgt man der Einbahnstraße, der Pfarrer-Dorn-Straße, bis zur Straße »Im Grund«, biegt dort rechts ab, um dann links in die Straße »Am Haidenkeller« abzubiegen, und – leicht ansteigend – zur Autobahnbrücke der Autobahn Mainz – Alzey zu fahren. Diese überquert man. Auf der anderen Seite liegt das Chausseehaus mit Erinnerungstafel über dem Eingang, denn von hier aus beobachtete Goethe 1793 die Belagerung von Mainz, die er dann beschrieben hat. An der Brücke biegt man nach links ab, nimmt dann rechts den ersten asphaltierten Landwirtschaftsweg, dann den nächsten links, und wieder der nächste rechts. Diesen Weg fährt man geradeaus durch die Gemarkungen »Berggewann« und »Auf dem Loh« mit einer kurzen Abweichung nach rechts, und dann gleich wieder nach links, weiter auf Wirtschaftswegen, die bei Regen von Schlepperfahrzeugen mit feuchtem Erdreich bedeckt sein können, nach *Ebersheim* (7 km). Kurz vor Ebersheim (man kann auch in den Ort hineinfahren) biegt man dem grünen Radwegweiser der Stadt Mainz folgend, links ab, um, die vielbefahrene Straße Mainz – Harxheim (Gaustraße) überquerend, auf einer baum- und heckenbestandenen Straße nach *Hechtsheim* (6 km) zu gelangen.

Vor Hechtsheim folgt man dem grünen Radwegweiser über die – leicht ansteigende – Laubenheimer Höhe (Aussicht!) nach *Laubenheim* (5 km) mit einer steilen Abfahrt durch die Weinberge bei der katholischen Kirche. Man überquert in Laubenheim die Oppenheimer Straße und die Bahnlinie Mainz – Worms und fährt durch die Rheintalstraße zur Unterführung der autobahnmäßig ausgebauten B 9 und weiter zum »Leinpfad« am Rheinufer. Diesem folgt man, unter der Autobahnbrücke der

A 60 (Weisenauer Brücke) hindurch, umgeht das Werksgelände der Portland-Zementwerke und gelangt über *Weisenau* (3 km), auf dem Leinpfad zum Winterhafen, Rheinufer und Rathaus in *Mainz* (3 km).

6 Bingen – Rochusberg – Ockenheim – Jakobsberg – Laurenziberg – Gau-Algesheim – Gaulsheim – Kempten – Bingen

Tourenlänge 25 Kilometer.
Fahrzeit 3 Stunden.
Höhenunterschiede 100 Meter auf 1,2 Kilometer von Bingen auf den Rochusberg; 120 Meter auf 1½ Kilometer von Ockenheim auf den Jakobsberg.
Karten 1:50000 Rad-Wanderkarte Mainz und Rheinhessen; 1:200000 Generalkarte Blatt 15.
Wissenswertes *Bingen* alte Stadt aus der Römerzeit (Drususbrücke, Römerkastell, die spätere Burg Klopp) an der Mündung der Nahe in den Rhein. Basilika (gotisch), Fachwerkhäuser in der Fußgängerzone. Kurmainzer Besitz. Im »Binger Loch« der »Mäuseturm« (Mautturm, Zollturm) Signalstation für den

Blick auf Bingen (Foto: Michael Klees)

Schiffsverkehr. Oberhalb der Rochusberg mit Wallfahrtskapelle. Von Goethe wurde das Rochusfest beschrieben. Zahlreiche Wein- und Sektkellereien. – *Ockenheim,* harmonische Barockkirche. – *Jakobsberg* bei Ockenheim, kleines Benediktinerkloster. – *Laurenziberg* barocke Wallfahrtskirche. – *Gau-Algesheim* ehemals zu Kurmainz gehörig. 1332 Stadtrechte durch Kaiser Ludwig d. Bayer. Pfarrkirche mit gotischem Nebenchor. Schloß Ardeck (1444) renoviert. – *Gaulsheim,* neugotische Kirche, erbaut von Heinrich Renard aus Köln 1898/99.

Tourenbeschreibung Von *Bingen* auf der Rochusallee – steil ansteigend – auf den *Rochusberg* (2 km) mit kleinem Abstecher zur Rochuskapelle. Dort schöne Aussicht auf das Rheintal mit »Bingerloch«, Niederwalddenkmal, Rüdesheim und Rheingau. Von der Höhe des Berges beim Waisenheim auf dem »Rochusweg« geradeaus durch die Weinberge – abfahrend – über die Autobahn und die Eisenbahnlinie. Hinter der letzten Brücke auf den asphaltierten Landwirtschaftsweg rechts abbiegen und vorfahren bis zur Straße Bingen – Büdesheim – Ockenheim, in die man links einbiegt und weiterfährt nach *Ockenheim* (5 km). In Ockenheim bis zur B 41, der man 100 m rechts folgt, dann links dem Wegweiser »Jakobsberg« nach durch das Neubaugebiet – steil ansteigend – zum *Jakobsberg* (2 km) mit guter Aussicht auf den Rochusberg, Rheingau und Taunus.

Von dort auf asphaltiertem Weg der Hochfläche zum Ort *Laurenziberg* (2 km) und Abfahrt durch ein Nebental mit Obstbaumplantagen zum Welzbachtal, dann links nach *Gau-Alges-*

heim (4 km). In Gau-Algesheim bis zur B 41, mit dieser (rechts) über die Eisenbahnbrücke, dort gleich rechts den Weg hinunter und parallel zu den Schienen unter der gleichen Brücke zum Welzbach, dem man auf asphaltiertem breiten Randweg in NW-Richtung bis zur Bundesstraße B 9 folgt. Dort geradeaus über die Brücke der Autobahn, dann scharf links und entlang der Autobahn auf dem Wirtschaftsweg nach *Gaulsheim* (5 km). Durch den Ort, vorbei an der gotischen Kirche und vor der Eisenbahnbrücke rechts der Bahn nach *Kempten* (2 km) und weiter auf dem Leinpfad entlang des Rheines nach *Bingen* (3 km).

7 Bingen – Büdesheim – Dromersheim – Aspisheim – Ober-Hilbersheim – Sprendlingen – Zotzenheim – Gensingen – Langenlonsheim – Münster-Sarmsheim – Bingen

Schwierigkeitsstufe I/II.
Tourenlänge 35 Kilometer. **Fahrzeit** 3–4 Stunden.
Höhenunterschied ·70 Meter auf 2 Kilometer zwischen Aspisheim und Abzweigung Appenheim.
Karten 1:50000 Rad-Wanderkarte Mainz und Rheinhessen; 1:200000 Generalkarte Blatt 15.
Wissenswertes *Bingen* (wie Tour 6). – *Dromersheim,* barocke Peter- und Paulkirche. – *Aspisheim,* romanischer Kirchturm, spätgotische Wandmalereien. – *Münster-Sarmsheim* gotische Kirche mit schönen Maßwerkfenstern und romanischer Turm. – *Sprendlingen* früher teilweise badisch. Gertrudenstraße.

Tourenbeschreibung Von *Bingen* auf dem Radweg der Straße zwischen Nahe und Scharlachberg nach *Büdesheim* (2 km) und durch den Ort bis zum Ortsende, dort links auf die Straße Richtung Dromersheim – Wörrstadt in gerader Linie über zwei Autobahnen und die stark befahrene B 41 (Vorsicht beim Überqueren!) nach *Dromersheim* (4 km) und weiter nach *Aspisheim* (2 km). Von dort steigt die Straße in zwei großen Kurven, mit schönem Blick auf den Ort, bis zur Hochfläche des westrheinhessischen Plateaus und, an der Abzweigung nach Appenheim vorbei, auf gleicher Höhe nach *Ober-Hilbersheim* (4 km). Im Ort rechts abbiegen durch die Straße »Auf der Kegelbahn« zunächst auf gleicher Höhe, dann durch ein Wäldchen in zwei Kurven Abfahrt und geradewegs nach *Sprendlingen* (6 km).

RUDESHM.
a. Rhein
GAULSHEIM
Mäuseturm
BINGEN a. Rhein
B. Klopp
Rochus Kp.
KEMPTEN
BINGERBRÜCK
Sporkenhm.
INGELHM. a.Rh
INGELHEIM-SÜD
Burgkirche
Bismarck-T.
Schl. Ardeck
GAU-ALGESHEIM
Haxthäuserhof
Mainzer-B.
GR.-WINTERNHM
Schwabenheim a.d. Selz
Selz
Welzbach
Roter Kopf
Warmsroth
Waldalgeshm.
Wald-Erbach
Weiler b. Bingerbr.
Münster-Sarmsheim
Rümmelshm
Roth
R. Fustenburg
Genhm.
Schweppenhsn.
Eckenroth
Wald-Burg layen
BÜDESHM.
DIETERSHM.
Ockenheim
14-Nothelfer-Kp.
LAURENZIBG.
Appenheim
Jakobs-B.
DROMERSHM.
Bubenheim
Nieder-Hilbersheim
laubershm.
Dorsheim
Laubenhm.
Forsths.
SPONSHM
Nahe
Grolshm.
E31
Gold-B.
Rheinhessisches Hügelland
Aspisheim
Ober-hilbersheim
Engelstadt
Windesheim
Langenlonshm.
Guldental
Waldhilbershm.
Wallhausen
Heddesheim
Gensingen
Horrweiler
Jugenheim i.Rheinhessen
Bf. Kloningers-mühle
Gulden-B.
Eremitage
Gutenberg
IPPESHEIM
Welgesheim
Napoleons-höhe
Partenheim
Wolfsheim
Bretzenhm.
WINZENHEIM
Roxheim
Hungr. Wolf
Hargesheim
Katharinen
Biebelshm.
Zotzenheim
St. Johann
Vendersheim
Saulheim
PLANIG
Sprendlingen

In Sprendlingen durch die Hauptstraße Richtung Bad Kreuznach, dann rechts abbiegen und entlang des baumbestandenen Wiesbaches nach *Zotzenheim* (2 km). Geradeaus weiter bis außerhalb *Welgesheim* (2 km) und am ehemaligen Bahnhof rechts zum nördlichen Ortsende von Welgesheim. Dort links in den betonierten Weinberg- und Feldweg einbiegen nach 2 Kilometer unter der A 61 hindurch zum Bahnhof von *Gensingen* (3 km) und durch die Ernst-Ludwig-Straße zur Kreuznacher Straße. Am Ende dieser Straße überquert man die B 41 (Vorsicht!), um über den Wiesbach im Bogen zur Nahe. Am Sportplatz vor der Nahebrücke rechts auf den ausgeschilderten »Nahe-Radweg« und durch die Auenlandschaft über *Grolsheim* (2 km) und *Dietersheim* (3 km) nach *Bingen* (3 km).

Binger Loch, Anlegestelle mit Mäuseturm und Ruine Ehrenfels
(Foto: Heinz-Egon Rösch)

8 Gau-Algesheim – Ockenheim – Dromersheim – Aspisheim – Appenheim – Gau-Algesheim

Schwierigkeitsstufe I/II.
Tourenlänge 20 km. **Fahrzeit** 2–3 Stunden.
Höhenunterschiede 100 m auf 1,5 km hinter Aspisheim.
Karten 1:50000 Rad-Wanderkarte Mainz und Rheinhessen; 1:200000 Generalkarte Blatt 15.
Wissenswertes *Gau-Algesheim, Ockenheim* (wie Tour 6). – *Dromersheim, Aspisheim* (wie Tour 7). – *Appenheim* von 1687 bis 1713 wirkte hier der aus Holland stammende Pfarrer Theodorus Crato Bockius.

Tourenbeschreibung Am westlichen Ortsausgang von *Gau-Algesheim* gelangen wir rechts auf den Radweg, der durch die Obstfelder und Weinberge mit Blick auf den Jakobsberg sehr angenehm zu befahren ist, nach *Ockenheim* (4 km). Ockenheim erreichen wir bei dem Friedhof mit der mächtigen Kastanie, die unter Naturschutz steht. Weiter geht die Fahrt in Richtung Bingen – Büdesheim auf ruhiger Landstraße. Kurz vor der Eisenbahnunterführung biegen wir nach etwa 2 km links ab in den für Radfahrer freigegebenen betonierten Land- und Weinwirtschaftsweg, der direkt zur Straße Bingen – Dromersheim führt. Links abbiegend, erreicht man die B 41, die wir mit großer Vorsicht nach *Dromersheim* (5 km) hin überqueren. Links grüßen

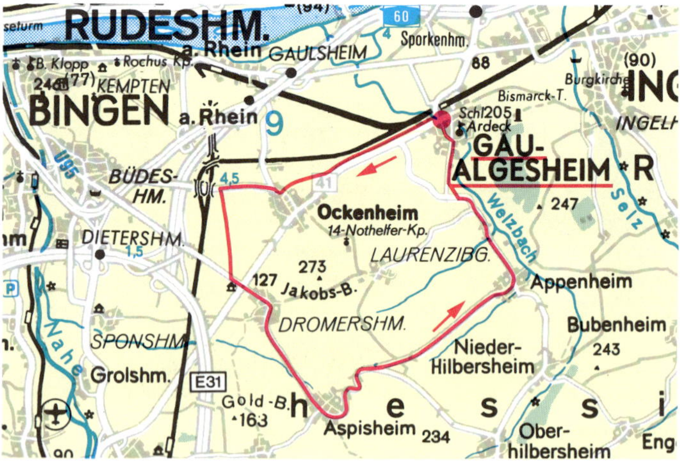

die »Dromersheimer Alpen« mit dem Hörnle, ein Naturareal und große Weinbergflächen. Es geht weiter nach *Aspisheim* (2 km) und in zwei großen Kurven erreichen wir die Höhe des rheinhessischen Plateaus, von wo wir einen guten Ausblick auf Rheinhessen und den vorderen Hunsrück haben. Nun biegen wir links ab nach *Appenheim* (5 km), das wir abwärts in einem Nebental des Welzbaches erreichen. Von Appenheim in nördlicher Richtung, zunächst leicht ansteigend, gelangen wir auf dem Radweg in zügiger Fahrt wieder nach *Gau-Algesheim* (3 km).

9 Ingelheim – Gau-Algesheim – Appenheim – Nieder-Hilbersheim – Engelstadt – Jugenheim – Stadecken – Elsheim – Schwabenheim – Groß-Winternheim – Ingelheim

Schwierigkeitsstufe I/II.
Tourenlänge 30 Kilometer. **Fahrzeit** 2½ Stunden.
Höhenunterschiede 100 Meter auf etwa 5 Kilometer von Gau-Algesheim durch das Welzbachtal bis hinter Appenheim; 40 Meter auf 500 Meter hinter Nieder-Hilbersheim in Richtung Engelstadt; 50 Meter auf 1 Kilometer hinter Engelstadt bis zur Hochfläche.
Karten 1:50000 Rad-Wanderkarte Mainz und Rheinhessen; 1:200000 Generalkarte Blatt 15.
Wissenswertes *Ingelheim* (wie Tour 1). – *Gau-Algesheim* (wie Tour 6). – *Engelstadt* sehr schöner romanischer Kirchturm und gotische Kirche. – *Jugenheim* Saalkirche nach Plänen von Friedrich Joachim Stengel mit barocker Ausstattung und Resten spätmittelalterlicher Wandmalereien im Turm. Fürstlich Nassauisches Amtshaus 1772 und Fachwerkhäuser im Ortskern. – *Stadecken* einst eine mittelalterliche Burganlage. – *Schwabenheim* (wie Tour 2). – *Groß-Winternheim* mehrere kleinere Adelshöfe aus der Renaissance- und Barockzeit (Obentraut, Wallbrunn).

Tourenbeschreibung Von *Ingelheim* auf dem Radweg unter der Straßenbrücke an der Firma Boehringer hindurch und etwa parallel links zur Eisenbahnlinie Mainz – Bingen am alten Judenfriedhof vorbei nach *Gau-Algesheim* (4 km), das man beim Bahnhof erreicht. In die Ortsstraße links einbiegen in Richtung Kirche und weiter in südlicher Richtung – langsam ansteigend – durch das Welzbachtal nach *Appenheim* (3 km). Durch den Ort in einer großen Kurve hinauf auf die Hochfläche und nach

Nieder-Hilbersheim (2 km) mit kurzer Abfahrt in das obere Welzbachtal. In einer Kurve – ansteigend – auf den nächsten Höhenrücken und dann Abfahrt nach *Engelstadt* (3 km). An der Kirche rechts abbiegen und – aufwärts – wieder auf den flachen Höhenrücken und links Abfahrt nach *Jugenheim* (4 km). Am Ortsausgang rechts auf dem ruhigen Radweg nach *Stadecken* (3 km) und in der Ortsmitte links nach *Elsheim* (2 km). Nach der Selzbrücke links in die Straße »Im Weinklauer«, dann Raiffeisenstraße und Mühlstraße (links) zur 1100- Mägde-Mühle. Dort rechts dem Radwegschild (grün-weiß) folgen nach *Schwabenheim* (3 km) mit dem Ortsteil Pfaffenhofen. Weiter nach *Groß-Winternheim* (2 km) und durch das Selztal auf dem Radweg beim ehemaligen Bahnhof und dann auf der Bahntrasse über die Selz, dann entlang der Selz nach Ober-Ingelheim/Ingelheim-Süd, vorbei an den Resten der Stadtmauer hinauf zum Marktplatz und weiter nach *Ingelheim/Mitte* (4 km).

Hinweis Von *Ingelheim-Mitte an den Rhein* (4 km) in Ingelheim-Nord und von dort mit der Rheinfähre (halbstündlicher Verkehr) über den Rhein, der hier am breitesten ist, nach Mittelheim in den Rheingau. Dort Anschluß an die Radtourenempfehlungen für den Rheingau. Man fährt von Ingelheim zum kombinierten Hallen-/Freibad (weiße Hinweisschilder), daneben zum Stadion und dort, halblinks, auf asphaltiertem Landwirtschaftsweg unter der Autobahn hindurch zur kleinen Ansiedlung »Neumühle« und von dort durch das kleine Kiefernwäldchen in nördlicher Richtung mit Blick auf den Taunus zum Damm der Selz und auf der Dammkrone im Bogen zum Rhein bei Ingelheim-Nord (Frei-Weinheim). Vom Hafen sehr schöner Blick auf die Orte, Kirchen, Schlösser, Weinberge des Rheingaus und die Höhen des Taunus.

10 Wörrstadt – Saulheim – Partenheim – Wolfsheim – Wallertheim – Schimsheim – Rommersheim – Wörrstadt

Schwierigkeitsstufe I/II.
Tourenlänge 27 km. **Fahrzeit** 3 Stunden.
Höhenunterschiede 40 Meter auf 1½ Kilometer hinter Nieder-Saulheim; 60 Meter auf 1½ Kilometer Partenheim in Richtung Rheinsender; 100 Meter auf 3 Kilometer zwischen Schimsheim, Rommersheim und Wörrstadt.
Karten 1:50000 Rad-Wanderkarte Mainz und Rheinhessen; 1:200000 Generalkarte Blatt 15.
Wissenswertes *Wörrstadt,* Mittelpunkt und »Herz von Rheinhessen«, gelegen in einer Talmulde (Quelle), war schon um 4000 v. Chr. besiedelt (Grabfunde). Das fränkische »Werstadt« wird 779 erstmals erwähnt. 1810 Bau der »Kaiserstraße« Paris – Mainz. – *Saulheim* Burg-Schloß der Ritter »Hundt von Saulheim«. – *Partenheim* ehemals Sitz der Ritter von Partenheim und Freiherrn von Wallbrunn und Wambold (Höfe). Die gotische Kirche enthält Grabmäler aus dem 15. und 16. Jahrhundert und viele Wandmalereien. – *Rheinsender,* große Sendeanlage des Südwestfunks, nach dem 2. Weltkrieg erster Landessender von Rheinland-Pfalz. – *Wolfsheim* Weinort mit jahrhundertealter Linde in der Ortsmitte. – *Wallertheim* einst Jagdstelle eiszeitlicher Jäger und Funde aus der Bronzezeit (»bunter Glashund«). – *Schimsheim* hier steht der Rest einer 1000jährigen »Effe«, deren Stamm am Boden einen Umfang von 14 Metern hat. An der Straße in der Höhe von *Rommersheim,* links oben auf einem Bergausläufer, wurden 1978 drei Steinsärge aus frühfränkischer Zeit gefunden. Malerischer Ortsmittelpunkt.

Tourenbeschreibung Von *Wörrstadt* Bahnhof unter der Bahnlinie Mainz – Alzey hindurch im Mühltal zunächst nach dem

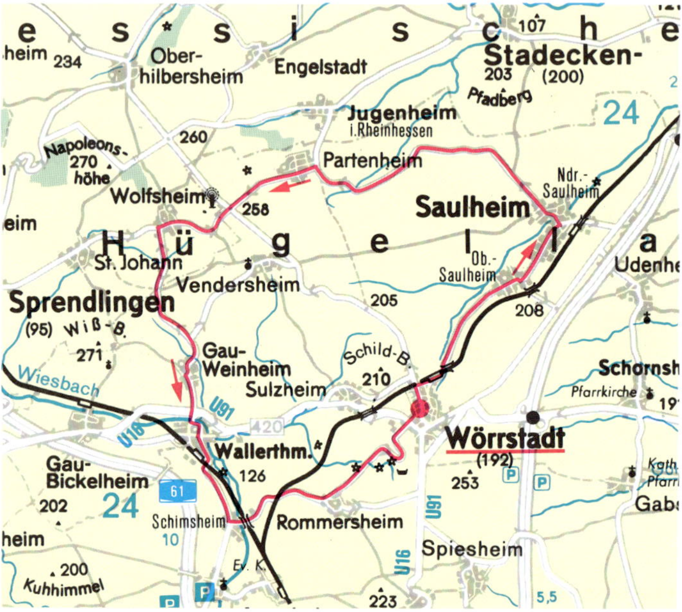

Ortsteil Ober-, dann Nieder-*Saulheim* (4 km), einem Ort mit einem rührigen Radfahrer-Verein. In der Ortsmitte links abbiegen und an der Kirche vorbei – leicht ansteigend – durch Felder, Weinberge und Wiesen auf ruhiger Straße nach *Partenheim* (6 km). In Partenheim Hauptstraße – ansteigend – auf das westrheinhessische Plateau und kurz nach Überquerung der Straße Gau-Algesheim – Wörrstadt zum *Rheinsender* (2 km) und in einer Kurve abwärts nach *Wolfsheim* (1 km). Am Ortsende von Wolfsheim links – weiter abwärts – durch die Weinberge nach *Gau-Weinheim* (3 km) und weiter, nach der Überquerung der B 420 (Vorsicht!), zum Ort *Wallertheim* (2 km) und geradeaus, nach Überquerung der Eisenbahnlinie Alzey – Bingen, nach *Schimsheim* (2 km). Dort links abbiegen und über den Wiesbach und die Eisenbahnlinie Alzey – Bingen und bald danach über die Eisenbahnlinie Alzey – Mainz nach *Rommersheim* (3 km), das anmutig in einer Talmulde liegt. Von dort größerer Anstieg in einer großen Rechtskurve, am Schwimmbad vorbei, nach *Wörrstadt* (3 km) zurück.

11 Wörrstadt – Sulzheim – Rommersheim – Schimsheim – Armsheim – Flonheim – Bornheim – Biebelnheim – Gau-Odernheim – Bechtolsheim – Gabsheim – Schornsheim – Udenheim – Saulheim – Wörrstadt

Schwierigkeitsstufe I/II.
Tourenlänge 44 Kilometer.
Fahrzeit 4–5 Stunden.
Höhenunterschiede Keine nennenswerten, im zweiten Streckenabschnitt (ab B 40) hügelig.
Karten 1:50 000 Rad-Wanderkarte Mainz und Rheinhessen; 1:200 000 Generalkarte Blatt 15.
Wissenswertes *Wörrstadt* (wie Tour 10). – *Sulzheim* barocke Pfarrkirche. – *Rommersheim* und *Schimsheim* (wie Tour 10). – In *Armsheim,* als Hof des Aribo 775 urkundlich erwähnt, wurde von 1431–34 die prächtige gotische Hallenkirche mit Hochchor gebaut. Kanzel aus der Schule von Riemenschneider und Grabmal Sybold v. Löwenstein und seiner Gemahlin im Stil des 15. Jahrhunderts. Der Ort besaß früher Stadtrechte. – *Flonheim* ehemals Sandsteinbrüche, vermutlich schon in der Römer-

Zu Tour 4, 13 **Nackenheim: Carl-Zuckmayer-Büste am Rathaus**
(Foto: Heinz-Egon Rösch)

zeit, markante Fachwerkgebäude. – *Gau-Odernheim* mit dem weithin sichtbaren Petersberg (246 m), dem »Kompaß Rheinhessens«, früher eine Peterskirche-Prämonstratenserkloster auf der Bergspitze, heute nicht mehr sichtbar. Die ehemalige Stadt gehörte den Grafen von Bolanden, Kurmainz und Kurpfalz. Gotische Simultankirche (Wandmalereien) und Fachwerkhäuser. – *Bechtolsheim* bedeutende gotische Hallenkirche (1482–87) mit zahlreichen Wappensteinen und sehenswertem gotischen, reichverzierten Gestühl des Meisters Falkener aus Abensberg, der auch das Gestühl in Kiedrich/Rheingau schuf. Stumm'sche Barockorgel, Simultankirche, Fachwerkrathaus mit Halle. – *Gabsheim* gotische Kirche mit schönen Wappensteinen und moderner Orgel. – *Schornsheim* romanisch-gotische Kirche mit musizierendem Konsolenengel und Wandmalereien. Hier lebte die Benediktinerin Lioba, Gefährtin des hl. Bonifatius. – *Udenheim* vor dem Ort eine Bergkirche als ehemalige Wehrkirche, weithin sichtbar, wobei der romanische Turm am niedrigsten, und der spätgotische Chor am höchsten ist. Ursprünglich soll hier ein römischer Tempel gestanden haben, woran der »Viergötterstein«, eingemauert in einem der südlichen Strebepfeiler, erinnert. – *Saulheim* (wie Tour 10).

Tourenbeschreibung Von *Wörrstadt* über die Eisenbahnbrücke und gleich nach dem Elektrizitätswerk links ab nach *Sulzheim* (2 km) und am nördlichen Dorfrand entlang zur B 420, die überquert wird (Vorsicht!). Auf der anderen Seite Weiterfahrt auf betoniertem Feldweg links zur *Rommersheimer Mühle* (2½ km). Unter der Eisenbahnlinie Mainz – Alzey hindurch Fahrt nach *Rommersheim* (1 km) und am westlichen Ortsende rechts über zwei Bahnlinien nach *Schimsheim* (2½ km). Dort links im breiten Talgrund des Wiesbaches nach *Armsheim* (1 km) und geradeaus nach *Flonheim* (3 km), einem Ort mit einem rührigen Radfahrerverein. In der Ortsmitte links auf stärker befahrener Straße nach *Bornheim* (2 km), das rechts liegenbleibt und auf gerader Straße unter der Rheinhessenautobahn hindurch zur B 40 zwischen Alzey und Wörrstadt, die vorsichtig überquert wird, um über die Brücke der Autobahn Alzey – Mainz nach *Biebelnheim* (9 km) zu gelangen. Von dort, rechts, nach *Gau-Odernheim* (2 km).

In Gau-Odernheim dem Radweg entlang der Selz nach *Bechtolsheim* (3 km), wobei man vor dem Ort rechts über die Selz zur Ortsmitte und Kirche fährt. Dann wieder zurück zur Straße Richtung Biebelnheim und Autobahn, nach 200 Metern aber rechts abbiegen und auf ruhiger Straße – leicht ansteigend,

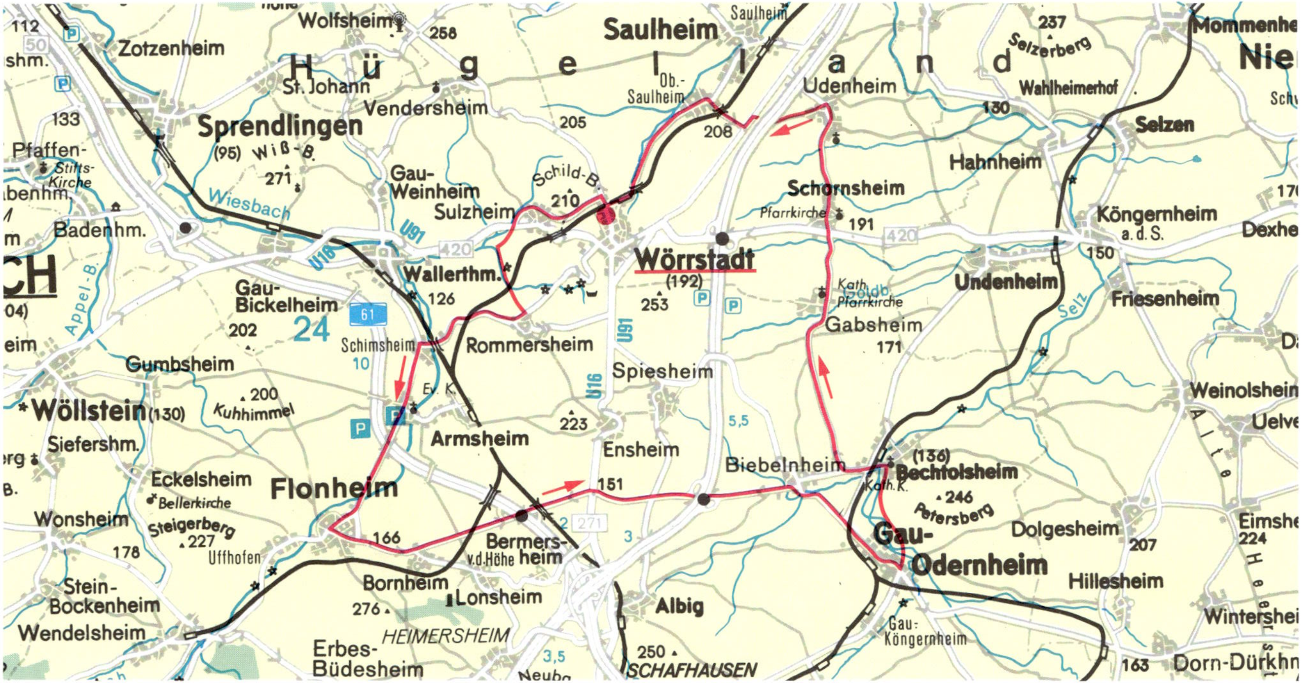
Zotzenheim
Wolfsheim
258
Saulheim
Ob.-Saulheim
Hügelland
St. Johann
Vendersheim
Udenheim
237
Selzerberg
Wahlheimerhof
Sprendlingen
(95) Wiß-B.
271
205
208
130
Selzen
133
Pfaffen-
Stifts-Kirche
Gau-Weinheim
Sulzheim
Schild-B.
210
Hahnheim
Schornsheim
Pfarrkirche
191
Köngernheim a. d. S.
150
Wiesbach
Badenhm.
U91
420
Wörrstadt
(192)
253
Wallerthm.
126
Kath. Pfarrkirche
Goldb.
Gabsheim
171
Undenheim
Friesenheim
Selz
Appel-B.
Gau-Bickelheim
202
24
61
Schimsheim
10
Rommersheim
U16
Spiesheim
Gumbsheim
200
Kuhhimmel
Wöllstein (130)
Ev. K.
Armsheim
223
5,5
Siefershm.
Ensheim
Biebelnheim
(136)
Bechtolsheim
Kath. K.
246
Petersberg
Weinolsheim
Uelve
Alte Heerstraße
Eckelsheim
Bellerkirche
Flonheim
151
Wonsheim
Steigerberg
227
178
Uffhofen
166
Bermersheim v.d.Höhe
271
2
3
Gau-Odernheim
Dolgesheim
207
Eimsheim
224
Stein-Bockenheim
Bornheim
Lonsheim
276
Albig
Hillesheim
Wendelsheim
HEIMERSHEIM
Erbes-Büdesheim
3,5
250
SCHAFHAUSEN
Gau-Köngernheim
163
Dorn-Dürkheim
Wintersheim
Dexheim
Mommenheim
112
50

dann abfallend – nach *Gabsheim* (5 km). Auf hügeliger Straße und durch die Weinberge Weiterfahrt nach *Schornsheim* (3 km), wobei man kurz vor dem Ort die stark befahrene B 420 überquert (Vorsicht!). Weiterfahrt auf einer für Rheinhessen charakteristischen geraden, hügeligen Straße zur Bergkirche (Kurve) und *Udenheim* (2 km). In der Ortsmitte, links durch die Ludwigstraße und die Weinberge – ansteigend – unter der Autobahn hindurch und über die B 40 (Vorsicht!), sodann bergab *Saulheim* (3 km), das man nach Passieren der Eisenbahnunterführung erreicht. Im Ort links durch das Mühlbachtal nach *Wörrstadt* (3 km).

12 Nieder-Olm – Sörgernloch – Udenheim – Schornsheim – Gabsheim – Bechtolsheim – Undenheim – Hahnheim – Wahlheimer Hof – Zornheim – Nieder-Olm

Schwierigkeitsstufe I/II.
Tourenlänge 32 km. **Fahrzeit** 3–4 Stunden.
Höhenunterschiede 110 Meter auf 2 Kilometer vom Wahlheimer Hof Richtung Zornheim, sonst kleiner Hügel von Udenheim bis hinter Gabsheim.
Karten 1:50000 Rad-Wanderkarte Mainz und Rheinhessen; 1:200000 Generalkarte Blatt 15.
Wissenswertes *Nieder-Olm* (wie Tour 3). – *Udenheim, Schornsheim, Gabsheim, Bechtolsheim* (wie Tour 11). – *Undenheim* Wehrkirche mit gotischem Chor. – *Hahnheim* um 1590 erbautes Renaissance-Schlößchen der Herren von Dienheim. Große Orchideensammlung, Reste einer 1000jährigen Effe (Angelbaum). – *Wahlheimerhof* ummauerter Einzelhof aus fränkischer Zeit mit romanischen Bestandteilen, gehörte zum Kloster Eberbach im Rheingau. – *Sörgenloch* gotisch-barocke Wallfahrtskirche. Hof der Köth von Wanscheid.

Tourenbeschreibung Von *Nieder-Olm* auf dem befestigen Radweg in südlicher Richtung unterhalb des Ortsteils Goldberg nach *Sörgenloch* (2 km). In der Ortsmitte rechts abwärts zur *Darmstadtsmühle.* Vor der Mühle links auf asphaltiertem Wirtschaftsweg etwa parallel zur Selz, dann rechts über die Selzbrücke und geradeaus durch das Tal nach *Udenheim* (4 km), das man beim Sportplatz erreicht. In Udenheim Ortsmitte links –

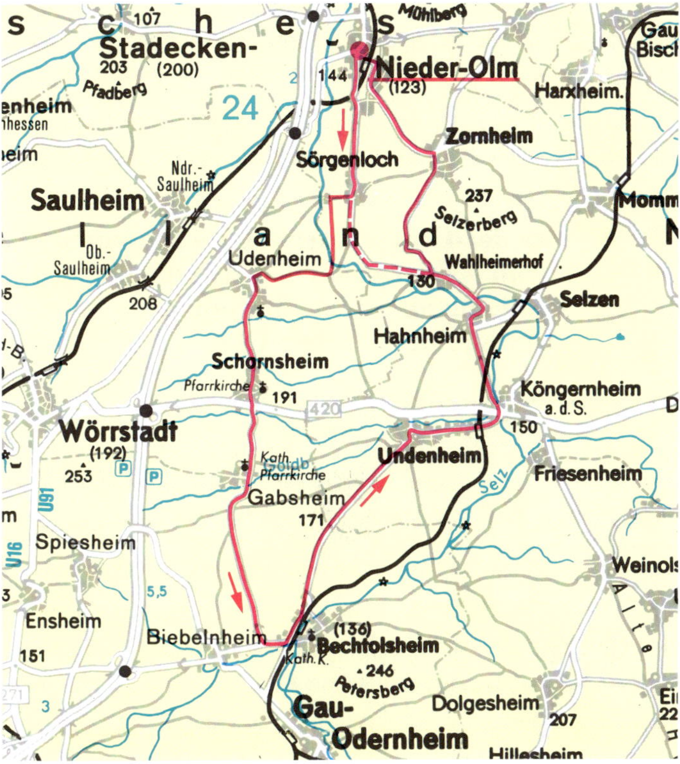

leicht ansteigend – in einer Kurve zur Wehrkirche südlich des Ortes. In südlicher Richtung – leicht auf und ab – nach *Schornsheim* (3 km), dort wird am Ortsende die B 420 überquert (Vorsicht!) und weiter nach *Gabsheim* (3 km). Hinter dem Ort leichter Anstieg und über die Hochfläche, dann Abfahrt bis zur Straße Biebelnheim – Bechtolsheim, in die man links einbiegt. Über die einstige Eisenbahnlinie Alzey – Bodenheim geht die Fahrt nach *Bechtolsheim* (4 km) durch die Ortsmitte und dort links wieder über die Bahnlinie zur Landstraße, in die man rechts, Richtung Undenheim, einbiegt.

Auf der sog. »Mainzer Straße« durch den »Undenheimer Grund« nach *Undenheim* (5 km). In der Ortsmitte rechts und durch die langgezogene Straße über die Bahn zur Kreuzung mit der B 420 (Vorsicht!) und weiter nach *Hahnheim* (3 km), das beim Friedhof erreicht wird. Durch den Ort hindurch Richtung Nieder-Olm bis zum *Wahlheimer Hof* (1 km), dort rechts abbiegen und – stärker ansteigend – in zwei großen Kurven durch die Weinberge und den Hohlweg zum Plateau, auf dem *Zornheim* (3 km) liegt. Gegen Ortsende links abbiegen und vorbei am »Sonnenhof«, Abfahrt nach *Nieder-Olm* (3 km). (Wem der Anstieg nach Zornheim zu beschwerlich scheint, kann auch im Tal nach Sörgenloch – Nieder-Olm weiterradeln).

13 Nieder-Olm – Zornheim – Mommenheim – Lörzweiler – Nackenheim – Bodenheim – Gau-Bischofsheim – Ebersheim – Nieder-Olm

Schwierigkeitsstufe I/II.
Tourenlänge 27 km. **Fahrzeit** 3–4 Stunden.
Höhenunterschiede 110 Meter auf 2½ Kilometer von Nieder-Olm Richtung Zornheim; 50 Meter auf 1½ Kilometer von Bodenheim Richtung Gau-Bischofsheim und 60 Meter auf 1 Kilometer von Gau-Bischofsheim zur »Gaustraße«.
Karten 1:50000 Rad-Wanderkarte Mainz und Rheinhessen; 1:200000 Generalkarte Blatt 15.
Wissenswertes *Nieder-Olm* (wie Tour 3). – *Lörzweiler,* auf dem »Königstuhl«, einer Anhöhe südlich des Ortes, soll im Jahre 1024 Konrad II. zum deutschen König gewählt worden sein. Wallfahrtskirche. – *Nackenheim, Bodenheim* (wie Tour 4).

Tourenbeschreibung Von *Nieder-Olm* über die Eisenbahn beim Bahnhof, dann – steiler ansteigend – auf dem Radweg am »Sonnenhof« vorbei bis zur ostrheinhessischen Plateaufläche, weiter nach *Zornheim* (3 km). In Zornheim geradeaus und Abfahrt durch die Weinberge in das Tal des »Zornheimer Grabens« bis zur »Gaustraße«, der man in südlicher Richtung auf dem Radweg folgt bis *Mommenheim* (4 km). Am Ortseingang bei den ersten Häusern links abbiegen und durch den Ort und am Bahnhof vorbei, sowie über die ehemalige Eisenbahnlinie Bodenheim – Alzey auf gerader, flacher Straße nach *Lörzweiler* (3 km). Durch den Ort geradeaus weiter auf ruhiger Straße mit weitem Ausblick in die Rheinebene, den Taunus und den Odenwald, und durch eine Lößschlucht nach *Nackenheim* (4 km), das man unterhalb der weithin sichtbaren spätbarocken Kirche erreicht.

In der Ortsmitte von Nackenheim links auf die Bundesstraße 9 abbiegen, der man (der Radweg wird ausgebaut) bis *Boden-*

heim (2 km) folgt. In Bodenheim links abbiegen und Aufstieg in das rheinhessische Hügelland, durch die Weinberge und eine Talung, auf dem Radweg nach *Gau-Bischofsheim* (3 km). In Gau-Bischofsheim ein kurzer aber steiler Anstieg zur »Gaustraße« und auf der Gaustraße (links den Fußweg benutzen), zunächst Richtung Mainz und nach etwa 800 Metern auf dem Radweg links Richtung Ebersheim einbiegen. Von dort geraden Weges nach dem südlichsten Mainzer Vorort *Ebersheim* (3 km). Durchfahrt von Ebersheim, geradeaus, zunächst auf der Tafelebene, dann in steiler Abfahrt nach *Nieder-Olm* (3 km).

(Foto: Heinz-Egon Rösch)

14 Oppenheim – Nierstein – Schwabsburg – Mommenheim – Zornheim – Hahnheim – Köngernheim – Friesenheim – Dexheim – Oppenheim

Schwierigkeitsstufe I/II.
Tourenlänge 30 km.
Fahrzeit 3–4 Stunden.
Höhenunterschiede 40 Meter auf 2 Kilometer hinter Schwabsburg Richtung Mommenheim; 60 Meter auf 1 Kilometer vor und in Zornheim; 50 Meter auf 1 Kilometer hinter Dexheim in Richtung Oppenheim.
Karten 1:50000 Rad-Wanderkarte Mainz und Rheinhessen; 1:200000 Generalkarte Blatt 15.
Wissenswertes *Oppenheim, Nierstein, Schwabsburg* (wie Tour 4). – *Wahlheimerhof, Hahnheim* (wie Tour 12). – *Köngernheim* gotisches Kirchlein. – *Dexheim* (wie Tour 4).

Tourenbeschreibung Von *Oppenheim* nach *Nierstein* (2 km) durch die Mainzer Straße. In Nierstein durch die Wörrstädter Straße, dann weißes Ortsschild nach *Schwabsburg* (2 km) talaufwärts – leicht ansteigend – zur Plateauhöhe des rheinhessischen Hügellandes nach *Mommenheim* (4 km). In Mommenheim zunächst auf der (nicht ungefährlichen) »Gaustraße« Richtung Mainz, nach 1 km links abbiegen in das Tal und dann – ansteigend – durch die Weinberge nach *Zornheim* (4 km). Im Ort links abbiegen und auf der wenig befahrenen Straße durch einen schönen baumbestandenen Hohlweg in einer Kurvenabfahrt durch die Weinberge zum *Wahlheimerhof* (3 km). Dort links abbiegen auf die Straße nach *Hahnheim* (1 km). Im Ort durch die Hauptstraße, rechte Kurve und linke Kurve, und am Friedhof vorbei geradeaus und kurz nach der Überquerung der ehemaligen Eisenbahnlinie Bodenheim – Alzey links abbiegen und über die Selz nach *Köngernheim* (2 km).

In Köngernheim benutzt man die Ortsstraße, die nach Friesenheim führt, muß aber vorher die stark befahrene B 420 überqueren (Vorsicht!), um nach *Friesenheim* (2 km) über eine kleine Anhöhe zu gelangen. Vor Friesenheim benutzen wir links den gut ausgebauten Radweg, der auf der ehemaligen Bahntrasse zu den alten Bahnhöfen von *Friesenheim* und *Dalheim* (3 km) führt. Weiter auf dem Radweg nach *Dexheim* (2 km) und von dort rechts abbiegend, auf der Landstraße über die Höhe, mit schöner Aussicht auf die Rheinebene, nach *Oppenheim* (4 km).

-Elsheim
Selz
Stadecken-
Pfadberg
Nieder-Olm
(123)
Mühlberg
EBERSHM.
Silberberg
Gau-
Bischofshm.
Nackenhm.
Harxheim.
Lörzweiler
Königsstuhl
Zornheim
Sörgenloch
Ndr.-
Saulheim
Selzerberg
Mommenheim
Nierstein
(85)
Schwabsburg
Udenheim
Wahlheimerhof
Selzen
Hahnheim
Schornsheim
Pfarrkirche
Köngernheim
a. d. S.
Dexheim
Farrenberg
Ruine
Landskrone
Undenheim
Friesenheim
Kath.
Pfarrkirche
Gabsheim
Dalheim
Weinolsheim
Uelversheim
Ludwigshöhe
Hohenau
GROSS-GERAU
WALLERSTÄDTEN
Safariland
Rheinfelder Hof
Hessenaue
Geinsheim
DORNHEIM
Riedhäuserhof
Kornsand
Wiesenhöfe
OPPENHEIM
(100)
Hayna
Leeheim
Bensheimerhof
Dienheim
Plattenhof
Erfelde
Kühkopf
Forsths.
Knoblochsaue
Schwedensäule
Guntershsn.
Siedl.
Oberach
(90)
Dornberg
Ob.-
heim
örrstadt
(192)

15 Guntersblum – Eimsheim – Uelversheim – Weinolsheim – Dolgesheim – Hillesheim – Dorn-Dürkheim – Wintersheim – Hangen-Wahlheim – Guntersblum

Schwierigkeitsstufe I/II.
Tourenlänge 23 km. **Fahrzeit** 2–3 Stunden.
Höhenunterschiede 80 Meter auf 2 Kilometer von Guntersblum Richtung Eimsheim.
Karten 1:500000 Rad-Wanderkarte Mainz und Rheinhessen; 1:200000 Generalkarte Blatt 15.
Wissenswertes *Guntersblum,* bedeutender Weinbauort an der »Rheinterrasse«, benannt nach dem Nibelungenkönig Gunther (bzw. nach Graf Günther von Leiningen), gehörte ursprünglich zum Stift St. Victor in Xanten am Niederrhein, dann im Besitz der Grafen von Leiningen (Pfalz) und des Deutschritterordens, auf die die beiden Schlösser und die Adelshöfe hinweisen. Markant sind die beiden romanischen Türme der evangelischen Kirche mit kuppelartigen Helmen, die auf orientalischen Einfluß aus der Kreuzritterzeit zurückgehen. Im Kellerweg entlang der Rheinterrasse reiht sich über 1 km Länge Weinkeller an Weinkeller. Im Mittelpunkt liegt der Julianenbrunnen. Berühmt ist das größte rheinhessische Winzerfest, das »Kellerwegfest«. – *Eimsheim,* neobarocke evangelische Kirche mit Jugendstilelementen. – *Uelversheim,* achteckige Kirche mit Zeltdach und Laterne aus dem Jahre 1722. – *Hillesheim,* über dem Dorf die hochgelegene ehemalige Wehrkirche mit Friedhof, Stumm'sche Orgel 1746. – *Wintersheim,* Geburtsort des »Vaters der deutschen Ziegenzucht« Christian Dettweiler, 1831. – *Hangen-Wahlheim,* kleine Kirchenruine St. Maria Magdalena (gotisch).

Tourenbeschreibung Die Radtour durch die »Bergdörfer« der Verbandsgemeinde *Guntersblum* beginnt am besten in Guntersblum an der Straße nach Eimsheim, Uelversheim bei den Weingütern Rösch, Dr. Schnell und Frey. Zunächst müssen wir kräftig in die Pedale treten und fahren durch die hohlwegartige Straße vorbei an dem tempelförmigen Wasserbehälter und die Weinberglage der »Steigterrasse«, um die Plateauhochfläche zu erreichen. Wir fahren zunächst geradeaus nach *Eimsheim* (4 km), wo wir in der Ortsmitte rechts abbiegen – zunächst leicht ansteigend – nach *Uelversheim* (1 km). Von hier aus Weiterfahrt nach *Weinolsheim* (2 km). Nach kurzer Ortsbesichtigung führt uns der Weg auf die »Gaustraße« in südlicher Richtung nach *Dolgesheim* (3 km), das wir durch die verkehrsberu-

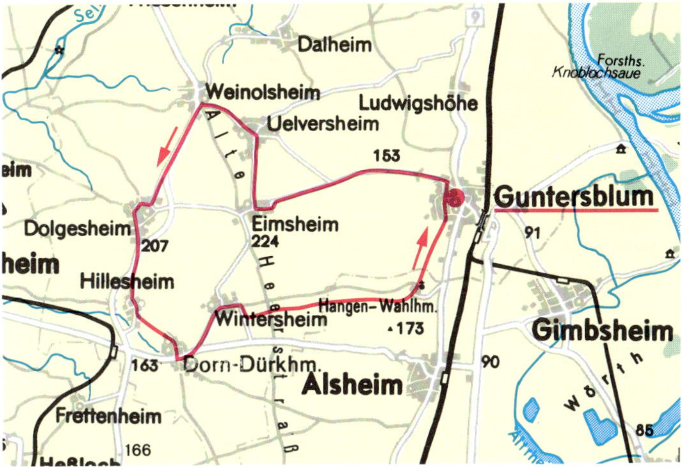

higte Ortsmitte passieren. Auf dem Rad- und Landwirtschaftsweg der ausgebauten Gaustraße fahren wir weiter in südlicher Richtung nach *Hillesheim* (2 km). Auch hier benutzen wir die vom Autoverkehr entschärfte Ortsstraße. In der Ortsmitte sollte man am Kriegerdenkmal das Fahrrad abstellen und den gewundenen Weg hinauf zur Bergkirche gehen, denn hier bietet sich ein großartiger Blick auf die rheinhessische Landschaft vom Weinkastell Kloppberg im Süden bis hin zum markanten Petersberg im Nordwesten.

Nun fahren wir weiter durch die Bahnhofstraße, dann gleich links in die Dorn-Dürkheimer Straße auf einem Weinbergweg nach *Dorn-Dürkheim* (1 km). Weiterfahrt durch die Hauptstraße bis zur Alsheimer Straße, in die wir vor dem Kriegerdenkmal links einbiegen. Nun fahren wir in Richtung Alsheim und biegen dann links in die Straße Richtung nach *Wintersheim* (2 km). Dort radeln wir durch die Kirch- und Hauptstraße (mit dem Dettweilerischen Hof) Richtung Alsheim. Nach der Straßenbiegung nehmen wir links den zweiten asphaltierten Landwirtschaftsweg. Zwischendurch ist dieser Weg naturbelassen, später wieder betoniert. Am Rande der Rheinterrasse kommen wir zu einem im Jugendstil gehaltenen Wasserhochbehälter, um dann in einem vorsichtig ausbetonierten Hohlweg nach *Hangen-Wahlheim* (6 km) zu gelangen. Dort schlagen wir gleich links den Weg durch die Weinberge auf dem aufschlußreichen Weinlehrpfad mit herrlicher Sicht über Guntersblum und die Rheinebene ein. Im einzigartigen Kellerweg beenden wir mit der Besichtigung von *Guntersblum* (2 km) unsere Rundfahrt.

16 Worms – Rheindürkheim – Hamm – Eich – Gimbsheim – Guntersblum – Mettenheim – Osthofen – Herrnsheim – Worms

Schwierigkeitsstufe I.
Tourenlänge 47 km.
Fahrzeit 4 Stunden.
Höhenunterschiede Keine.
Karten 1:50000 Rad-Wanderkarte Mainz und Rheinhessen; 1:200000 Generalkarte Blatt 15.
Wissenswertes *Worms* Die an geschichtlicher Vergangenheit reiche Stadt reicht bis in die Keltenzeit (Borbetomagus) zurück, wurde im 1. Jahrhundert v. Chr. von den germanischen Vangionen und dann von den Römern unter Augustus (Civitas Vangionum) erobert. Die Burgunder machten Worms 410 zur Hauptstadt ihres Reiches (Nibelungenlied), dann folgten Alemannen und Franken. Kaiser Karl der Große weilte gern in Worms. In Worms fanden über 100 Reichs- und Fürstentage statt. Freie Reichsstadt. Martin Luther verteidigte 1521 seine Schriften vor Kaiser Karl V. Mit dem Niedergang der kaiserlichen Macht schmolz auch die Bedeutung von Worms. Unter Napoleon und unter der Regierung von Hessen-Darmstadt wurde Worms zur Provinzstadt. – Der Dom, auf dem ehemaligen römischen Forum von »wormatia«, wurde als dreischiffige romanische Pfeilerbasilika 1018 von Bischof Burchard eingeweiht. Der Westchor stammt aus dem 12. Jahrhundert. Die imposante doppelchörige Anlage birgt viele christliche Kunstwerke (Südportal, »Wurzel Jesse« 1488, barockes Chorgestühl von F. A. Herrmann [1758/59] und Hochaltar nach den Entwürfen von Balthasar Neumann). Romanische Kirche St. Andreas, St. Paulus (mit orientalisch anmutenden Turmkuppeln), St. Martin, gotische Liebfrauenkirche (Kapellenkranz) im Weinberg der »Liebfrauenmilch«, barocke Dreifaltigkeitskirche (Reformationsgedächtniskirche) innen neu gestaltet; ältester Judenfriedhof Europas, Synagoge; große Teile der Stadtmauer (mit Lutherpforte) erhalten. – *Rheindürkheim, Ibersheim, Hamm, Eich, Gimbsheim,* fünf Gemeinden im Rheinbogen, die im Gegensatz zu den reicheren Weinbaugemeinden entlang der Rheinterrasse bescheiden ausgestattet sind. Beachtenswert die gotische Kirche in Gimbsheim. – *Guntersblum* (wie Tour 15). – *Alsheim* wie in Worms St. Paulus, Guntersblum und Dittelsheim romanischer Kirchturm mit orientalischer Kuppelbekrönung. – *Mettenheim*

Barockkirche mit Herrenstuhl der Grafen von Leiningen und Orgel der berühmten Orgelbauerfamilie Stumm. – *Osthofen,* seit 1970 Stadt, größte Weinbaugemeinde des Wonnegaues, Bergkirche 1747 mit romanischen Bestandteilen, alter Rathausturm, Höfe des 16.–18. Jahrhunderts. – *Herrnsheim* Emmerich Joseph v. Dalberg ließ das klassizistische Schloß mit monumentalem Treppenbau und Park im englischen Stil anlegen, dann im Besitz der Familie Freiherr von Heyl. Alte Befestigung und gotische (mehrfach umgestaltete) Peterskirche.

Worms. Alte Synagoge 11.–13. Jahrhundert, älteste Synagoge Deutschlands.
(Foto: Verkehrsamt Worms)

Tourenbeschreibung Von *Worms* in nördlicher Richtung auf dem Radstreifen der B 9 nach *Rheindürkheim* (8 km). Eine weitere Möglichkeit zum Radfahren besteht am Rheinufer zwischen Industriebauten und Rhein, parallel zu Eisenbahnschienen. Am Ortseingang gleich rechts auf die Dammstraße und entlang des Rheines und vom Ortsausgang auf der Dammlinie nach *Ibersheim* (4 km), weiter, an einem Baggersee vorbei, nach *Hamm* (2 km), einem ehemaligen Fischerdorf. In Hamm die Straße nach Eich einschlagen und durch die sand- und lößbodenhaltigen Felder nach *Eich* (3 km), das man bei der Schule und dem Sportplatz erreicht. Vor Eich, dem (früheren) Korbflechterdorf, die Straße nach Gernsheim überqueren und durch die Wiesen- und Weidenlandschaft zum *Eicher See* (3 km), einem Wochen-

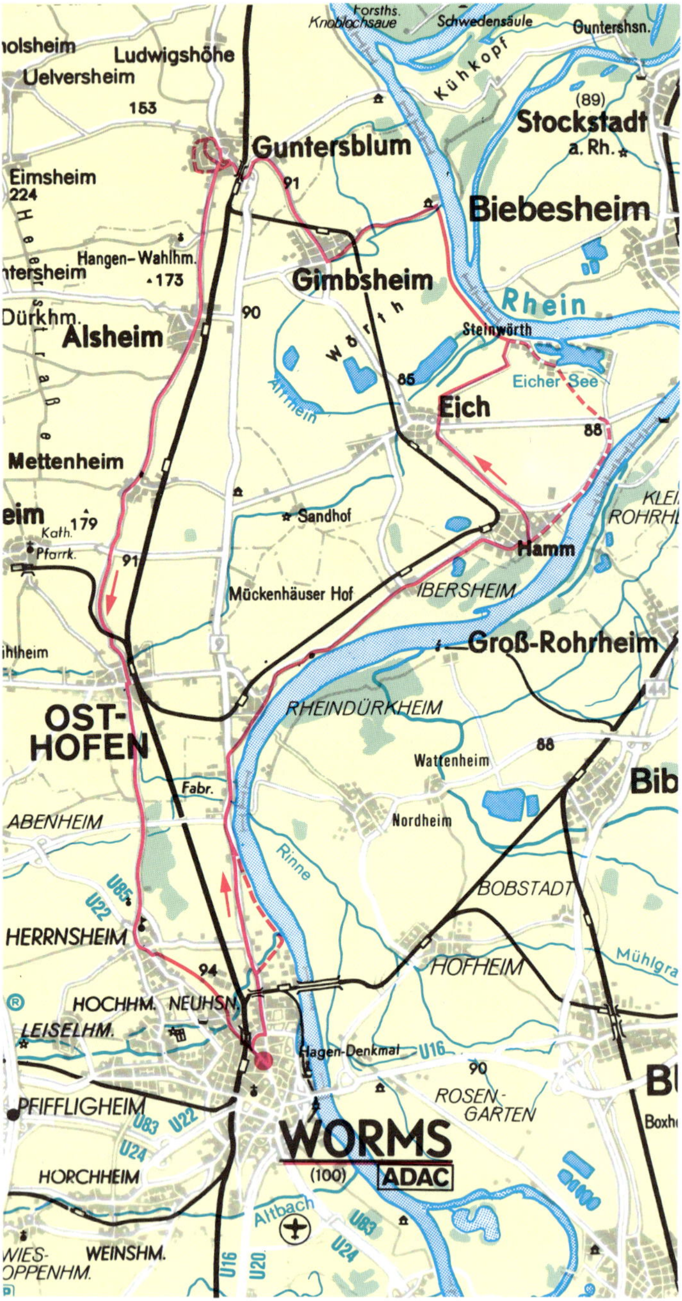
Forsths. Knoblochsaue
Schwedensäule
Guntershsn.
Ludwigshöhe
Uelversheim
Kühkopf
153
(89)
Stockstadt a. Rh.
Guntersblum
Eimsheim 224
91
Biebesheim
Hangen-Wahlhm.
173
Gimbsheim
Rhein
Dürkhm.
Alsheim
90
Wörth
Steinwörth
85
Eicher See
Altrhein
Eich
88
Mettenheim
Sandhof
179
Kath. Pfarrk.
Hamm
91
Mückenhäuser Hof
IBERSHEIM
Groß-Rohrheim
9
44
OST-HOFEN
RHEINDÜRKHEIM
88
Wattenheim
Fabr.
ABENHEIM
Nordheim
Rinne
U85
U22
BOBSTADT
HERRNSHEIM
94
Mühlgra
HOFHEIM
HOCHHM.
NEUHSN.
LEISELHM.
Hagen-Denkmal
U16
90
PFIFFLIGHEIM
U83
U22
ROSEN-GARTEN
WORMS
U24
(100)
ADAC
HORCHHEIM
Altbach
U83
U24
WIES-OPPENHM.
WEINSHM.
U16
U20

endhausgebiet an einem großen See (Hafen) mit vielen Segelbooten und Jachten. Nordwestlich des Eicher Sees entlang des Leinpfades (auch gut auf dem parallel laufenden Rheindamm) rheinabwärts bis zum Wirtshaus »Gimbsheimer Fahrt«. Dort links auf die Straße nach *Gimbsheim* (6 km), das man bei der gotischen Ortskirche erreicht. In der Ortsmitte rechts abbiegen und durch die Obstbaumfelder nach *Guntersblum* (3 km), dem nördlichsten Ort dieser geruhsamen »Flachlandfahrt« in der westlichen Rheinebene.

In Guntersblum durch die Unterführung der Bahn, dann kurz entlang der B 9 bis zur Straße »Promenade« zum neuen Schloß, zur Kirche und zum Julianenbrunnen. Durch den Kellerweg zum Stadion und zur Straße nach Alsheim (zur Rechten die Schule). In südlicher Richtung entlang der Hügelkette des rheinhessischen Hügellandes durch die Weinberge nach *Alsheim* (3 km) und geradeaus weiter nach *Mettenheim* (3 km), durch den Ort und weiter auf leicht dahinschwingender Straße nach *Osthofen* (4 km). In Osthofen die stark befahrene Hauptstraße überqueren und geradeaus weiter auf dem Radweg der Straße nach *Herrnsheim* (5 km), das man beim Park und Schloß erreicht. Von dort auf der Trasse der ehemaligen Bahnlinie parallel zur Ludwigstraße in ruhiger Fahrt zur Schäferstraße und weiter durch die Gaustraße zum Zentrum von *Worms* (4 km).

Jugendherberge Worms. Die JH liegt in ruhiger Stadtlage am Dom.

17 Worms – Herrnsheim – Osthofen – Bechtheim – Dittelsheim – Monzernheim – Westhofen – Abenheim – Herrnsheim – Worms

Schwierigkeitsstufe I/II.
Tourenlänge 40 km. **Fahrzeit** 4–5 Stunden.
Höhenunterschiede 40 Meter auf 600 Meter von Osthofen in Richtung Bechtheim; 80 Meter auf 2 Kilometer hinter Bechtheim; 100 Meter auf 1,2 Kilometer von Dittelsheim zum Weinkastell Kloppberg; 30 Meter auf 1½ Kilometer von Westhofen Richtung Abenheim; sonst wellig.
Karten 1:50000 Rad-Wanderkarte Mainz und Rheinhessen; 1:200000 Generalkarte Blatt 15.
Wissenswertes *Worms, Herrnsheim* und *Osthofen* (wie Tour 16). – *Bechtheim* romanische Basilika (11. Jahrhundert) mit seltener Stollenkrypta, spätgotische Wandmalereien. – *Dittelsheim,* gotisch-barocke Kirche mit romanischem Turm und »orientalischer« 16fach gefächerter Kuppelbekrönung (auch »Heidenturm«, »Sarazenenturm« genannt). – vom *Weinkastell Kloppberg* aus herrliche Aussicht auf Rheinhessen (besonders in die herbstlichen Weinberge), in den Mauern der stark zerfallenen und restaurierten ehemaligen Raubritterburg das »Weinkastell«, Sitz der rheinhessischen Weinbruderschaft. – *Westhofen* gotische Kirche auf dem baumbestandenen schmucken Marktplatz. – *Abenheim* Amtshof aus der Renaissancezeit mit mittelalterlichen Kellern. Außerhalb des Ortes weithin sichtbar die Abenheimer Kapelle.

Tourenbeschreibung Von *Worms* durch die Gaustraße und die Schäferstraße auf dem Radweg der einstigen Bahnlinie zum Vorort *Herrnsheim* (3 km) und weiter in nördlicher Richtung geraden Wegs (Radweg) nach *Osthofen* (5 km). In Osthofen links Hauptstraße Richtung Westhofen, nach 200 m rechts – ansteigend – durch die Weinberge des »Bechtheimer Grundes« nach *Bechtheim* (3 km). Von Bechtheim in nordwestlicher Richtung auf – leicht ansteigender – hügeliger Straße und durch einen Hohlweg nach *Heßloch* (5 km). Durch den Ort auf die Straße Richtung Westhofen, dann rechts in die Ortsverbindung nach *Dittelsheim* (1 km). Im Ort dem weißen Schild »Weinkastell Kloppberg« folgen, durch die Weinberge und den Weinlehrpfad – steiler ansteigend – zum *Weinkastell Kloppberg* (2 km) mit Wein-Restaurant. Etwa 300 Meter links dem Weinbergrand entlang, dann im rechten Winkel rechts auf gut ausgebautem Landwirtschaftsweg, unter der Überlandleitung hindurch, nach *Hochborn* (2 km). Auf der rheinhessischen Tafelfläche von Hochborn nach etwa 2 km Abfahrt in einer großen Kurve nach *Monzernheim* (3 km). Von Monzernheim weiter in östlicher Richtung bis zur »Gaustraße« und dort, rechts abbiegend, Abfahrt auf breiter Straße in südlicher Richtung, nach *Westhofen* (5 km). Vorbei am Marktplatz bis zum Kreisel, dort die Straße Richtung Worms einschlagen und zunächst – leicht ansteigend – auf die Tafelfläche mit den fruchtbaren Ackerböden, dann durch die Weinberge – abfahrend – nach *Abenheim*

(4 km). In Abenheim in Richtung Worms weiter die »Gaustraße« mit Radweg benützen, ab Autobahnanschlußstelle links die Trasse der ehemaligen Bahnlinie, sehr gut zu befahren, nach *Herrnsheim* (4 km). Von dort – wie gekommen – zurück nach *Worms* (3 km).

18 Worms – Hochheim – Leiselheim – Pfeddersheim – Nieder-Flörsheim – Dalsheim – Nieder-Flörsheim – Mölsheim – Zell – Harxheim/Pfrimm – Bubenheim – Biedesheim – Kindenheim – Bockenheim/Weinstraße – Hohensülzen – Offstein – Horchheim – Worms

Schwierigkeitsstufe I/II.
Tourenlänge 47 km.
Fahrzeit 5 Stunden.
Höhenunterschiede 50 Meter auf 1 Kilometer von Pfeddersheim Richtung Nieder-Flörsheim; 60 Meter auf 2 Kilometer von der Bahnlinie Worms – Alzey hinter Nieder-Flörsheim Richtung Mölsheim; 130 Meter auf 5 Kilometer von Harxheim über Bubenheim aufwärts im Ammelbachtal bis hinter Biedesheim Richtung Kindenheim.
Karten 1:50000 Rad-Wanderkarte Mainz und Rheinhessen; 1:200000 Generalkarte Blatt 15.
Wissenswertes *Worms* (wie Tour 16). – *Worms-Hochheim* Bergkirche mit romanischem Turm und romanischer Krypta (Anfang 11. Jahrhundert). – *Pfeddersheim* Türme und Mauern der mittelalterlichen Stadtbefestigung (1304 Stadtrechte, 1954 erneuert). Bei Pfeddersheim drei Kriegsschlachten, am bekanntesten 1525 die Unterdrückung des Bauernaufstandes. – *Dalsheim* die fast vollständig erhaltene Ortsbefestigung mit noch vorhandenen sieben Türmen aus dem 14./15. Jahrhundert, die romanische Kirche St. Peter und Paul mit reich gegliedertem Turm und die Fachwerkhäuser und Torbogen der Gehöfte führten zur Bezeichnung »rheinhessisches Rothenburg«. – *Zell,* ehemals eine Mönchszelle (760), dann eine Propstei des Klosters Hornbach. – *Bubenheim* romanische Kirche mit eingezogenem Chor und Apsis mit bemerkenswerten Bogenfriesen, zweigeschossig an der Westseite. – *Bockenheim*/Weinstraße, bestehend aus zwei Ortsteilen mit alten Kirchen (romanische Kirchtürme und Wandmalereien im Chor), im nördlichen Ortsteil befestigt. Bekannt

ist der »Pfälzische Dichterwettstreit«, der hier alljährlich stattfindet. – *Hohensülzen,* historisches Fachwerkrathaus mit Freitreppe. – *Offstein,* Ortsteil Neuoffstein, Zuckerraffinerien.

Tourenbeschreibung Von *Worms,* dem weißen Ortsteilschild folgend, nach *Hochheim* (2 km) und weiter auf dem Radweg nach *Leiselheim* (1 km). Von dort auf dem Radweg, unter der langgespannten Brücke der A 61 hindurch nach *Pfeddersheim* (2 km), durch den Altstadtkern geradeaus in westlicher Richtung bis zum Ortsende. Dort nach rechts in die Straße nach Nieder-Flörsheim einbiegen – ansteigend – über einen Höhenzug auf der birkenbestandenen Straße bis zum östlichen Ortseingang von *Nieder-Flörsheim* (5 km). Rechts in die Landstraße Richtung Gundheim einbiegen und nach etwa 1½ km links durch die Weinberge und unter der Eisenbahnlinie Worms – Alzey hindurch nach *Dalsheim* (3 km). Nach der Ortsrundfahrt durch Dalsheim durch die südliche Eisenbahnbrücke und links entlang der Bahnlinie am Bahnhof vorbei zum südlichen Ortsende von *Nieder-Flörsheim* (2 km). Dort rechts in die Landstraße und durch die Weinberge – ansteigend – nach *Mölsheim* (3 km) und weiter in westlicher Richtung der Weinberghänge des Zellertales mit weitreichendem Ausblick in das Pfrimmtal nach *Zell* (2 km).

Worms, Lutherdenkmal (Foto: Verkehrsamt Worms)

OSTHOFEN
(95)
RHEINDÜRKHEIM
Wattenheim
Nordheim
Rinne
Fabr.
ABENHEIM
HERRNSHEIM
HOCHHM.
NEUHSN.
LEISELHM.
Hagen-Denkmal
ROSEN
WORMS
(100)
ADAC
PFIFFLIGHEIM
HORCHHEIM
Altbach
WEINSHM.
WIES-
OPPENHM.
Kl.-
Niedeshm.
Bobenheim-
-Roxheim
HEPPENHEIM
PFEDDERSHEIM
Pfrimm
Kriegsheim
Mörstadt
Flörshm.-
Dalsheim
Ndr.-Flörsheim
Dalshm
Gundheim
Bermershm.
Gunders-
hm.
Enz-
heim
Seebach
Flomborn
Ilbesheim
Ob.-Flörsheim
Stetten
Hl. Dreifaltigkeit
Osterberg
Gauersheim 296
Leisels-B.
Einselthum
Zeller-
Zell
-tal
Albisheim
(Pfrimm)
Mölsheim
Niefernhm.
Wachenhm.
(154)
Monshm.
Immesheim
Harxheim
St. Peter
Bubenheim
Ottersheim
Kahlenberg
302
Kindenheim
Biedesheim
Gundheimer-
hof
Bockenhm.
a. d. Weinstr.
120
Hohen-Sülzen
Offstein
Neuoffstein
Fbr.
Obrigheim
(Pfalz)
Mühlheim
Colgenstein-
Lautersheim
Gersten-B.
317
ASSELHM.
Ev. Pfarrk.
Quirnheim
St. Brigitta
Boßweiler
285
166
125
169
94
144
146
161
90
E31
U18
U20
U87
U85
U22
U16
U83
U24
47
271
61
6
5
8

Von Zell in einer großen Kurve Abfahrt ins Zellertal nach *Harxheim* (1 km) und durch den Ort über die Eisenbahnlinie Worms – Kaiserslautern in südlicher Richtung nach *Bubenheim* (3 km). Die Straße führt nun – ansteigend – nach *Biedesheim* (3 km), dort links abbiegen bis zur Höhe, dann über die Hochfläche Abfahrt nach *Kindenheim* (5 km), durch den Ort zum nördlichen Ortsteil von *Bockenheim* (2 km), wo man die »Weinstraße« erreicht. Auf dieser Straße 200 m in südlicher Richtung, dann unterhalb der ummauerten Kirche links in den Leininger Ring einbiegen und geradeaus durch den Riedweg zum Bahnübergang, dort gleich links in den Hohensülzer Weg und weiter auf betoniertem Landwirtschaftsweg nach *Hohensülzen* (3 km) und in südlicher Richtung nach *Offstein* (2 km). Von Offstein im Eisbachtal auf Radwegen nach *Heppenheim a. d. Wiese* (1 km) und weiter unter der A 61 hindurch nach *Horchheim* (4 km). Auf dem Radweg von Horchheim nach *Worms* (3 km).

19 Worms – Horchheim – Obrigheim – Colgenstein – Heidesheim – Mühlheim – Albsheim – Grünstadt – Sausenheim – Kleinkarlbach – Kirchheim/Weinstraße – Großkarlbach – Laumersheim – Dirmstein – Heuchelheim – Großniedesheim – Weinsheim – Horchheim – Worms

Schwierigkeitsstufe I.
Tourenlänge 45 km.
Fahrzeit 5 Stunden.
Höhenunterschiede Keine.
Karten 1:50000 Rad-Wanderkarte Mainz und Rheinhessen und »Zwischen Rhein und Pfälzerwald«; 1:200000 Generalkarte Blatt 15.
Wissenswertes *Worms* (wie Tour 16). – *Offstein* (wie Tour 18). – *Colgenstein, Mühlheim* und *Albsheim* romanische Kirchtürme mit eindrucksvollen Reliefs und Bogenfriesen; spätgotische Fresken und barocke Stumm'sche Orgel in der Kirche von Mühlheim. – *Heidesheim* (Pfalz) im Schloßpark der Leininger Fürsten stand ehedem ein Philanthropin, das für kurze Zeit von dem Philanthropen Carl Friedrich Bahrdt geleitet wurde. – *Asselheim,* gotische Kirche mit rundem Kirchturm und 500jähriger Eiche. – *Grünstadt* nach der Zerstörung von Alt- und Neuleinin-

WORMS
ADAC
(100)
Hagen-Denkmal
ROSEN-GARTEN
Bobenheim-Roxheim
Scharrau
Petersau
Altbach
PFIFFLIGHEIM
HORCHHEIM
WEINSHM.
WIES-OPPENHM.
Kl.-Niedeshm.
Gr.-
Beindershm.
Eckbach
MÖRSCH
PFINGST-WEIDE
Zwölfapostel-K.
EDIGHM.
OPPAU
FRANKENTHAL (Pfalz)
FLOMERSHM.
Ormsheimerhof
Heßheim
Heuchelhm. b.Fr.
Dirmstein
Gerolsheim
St. Laurentius
Laumersheim
Großkarlbach
Weisenheim am Sand
Bissersheim
Dackenhm.
Kirchheim a.d.W.
St. Bartholomäus
Obersülzen
Colgenstein-Heidesheim
Albshm.
Obrigheim (Pfalz)
Mühlheim
Neuoffstein
Fbr.
Offstein
HEPPENHEIM
Hohen-Sülzen
Bockenhm. a. d. Weinstr.
Monshm.
Pfrimm
GRÜNSTADT
SAUSENHM.
ASSELHM.
Ev. Pfarrk.
Gersten-B.
Quirnheim
Boßweiler
Mertesheim
Ebertsheim
Lautersheim
Kindenheim
Kahlenberg
St. Peter
Bubenheim
Neuleiningen
Tiefenthal
Kleinkarlbach
Battenbg. (Pfalz)
Bobenheim am Berg
Weisenheim
Eisbach
Rodenb.
St. Brigitta
E50
61
6
271
47
47n
SCHARH
Landeshafen
SAND
Rhein

gen 1690 Residenz der Grafen von Leiningen mit Schloß und barocker Martinskirche. – *Kirchheim a. d. W.* und *Großkarlbach.* Traufseitig zur Straße gelegene schmucke Winzergehöfte des 17.–19. Jahrhunderts. – *Laumersheim* in schmuckem Barock ausgestattete St. Bartholomäuskirche. – *Dirmstein* ehemals Sommerresidenz der Wormser Fürstbischöfe mit Adelshöfen, Torbögen, Parkanlagen und Fußgängerzone mit Fachwerkhäusern. Die Kirche St. Laurentius wurde von dem berühmten Würzburger Baumeister Balthasar Neumann geplant.

Tourenbeschreibung In *Worms* Richtung WO-Horchheim, nach der Bahn-Unterführung links in die Speyerer Straße und geradeaus auf den Radweg der ehem. Bahnlinie Worms – Grünstadt bis *WO-Heppenheim* (7 km). Weiter nach *Offstein* (1 km). Vor Offstein links dem grünen Radwegschild »Grünstadt« durch den Ort folgen nach *Neuoffstein* (2 km) und weiter nach *Obrigheim* (1 km). Dort links über den Eisbach nach *Colgenstein* (1 km) zum imposanten romanischen Kirchturm, dann nach *Heidesheim* (1 km) am Schloßpark vorbei und rechts über Bahnlinie und Eisbach nach *Mühlheim* (1 km) und durch die enge Ortsdurchfahrt nach *Albsheim* (1 km). Dort unter der Eisenbahnlinie Monsheim – Grünstadt hindurch, an der idyllischen Krausmühle vorbei, nach *Asselheim* (2 km). Von Asselheim nach Grünstadt sollte man den Radweg links der stark be-

Alzey, Burg (Foto: Ulrich Schnabel)

fahrenen und unübersichtlichen Straße benutzen, um nach *Grünstadt* (2 km) zu gelangen.

Weiter auf der erlebnisreichen »Pfalzfahrt« von Grünstadt über *Sausenheim* (2 km) nach *Kleinkarlbach* (2 km) und dort ab Ortsmitte links auf dem Radweg (grünes Schild) entlang des Eckbachs bis zum Ortseingang von *Kirchheim/Weinstraße* (3 km), wobei Vorsicht beim Überqueren der B 271 geboten ist. Über *Bissersheim* (2 km) nach *Großkarlbach* (2 km) und in nördlicher Richtung unter der A 6 hindurch nach *Laumersheim* (2 km) und weiter nach *Dirmstein* (2 km). Von Dirmstein auf dem Radweg in östlicher Richtung nach *Heuchelheim* (3 km) und unter der A 61 hindurch nach *Großniedesheim* (2 km), in der Ortsmitte links abbiegen nach *Kleinniedesheim* (2 km) und an Weinsheim östlich vorbei auf dem Radweg nach *Worms* (6 km).

20 Alzey – Dautenheim – Gau-Heppenheim – Framersheim – Dittelsheim – Hochborn – Hangen-Weisheim – Eppelsheim – Dautenheim – Alzey

Schwierigkeitsstufe I/II.
Tourenlänge 30 km. **Fahrzeit** 3 Stunden.
Höhenunterschiede 100 Meter auf 1,2 Kilometer durch den Weinlehrpfad von Dittelsheim zum Weinkastell Kloppberg; sonst einige kleinere Steigungen hinter Alzey, Dautenheim, Framersheim und vor Alzey.
Karten 1:50000 Rad-Wanderkarte Mainz und Rheinhessen; 1:200000 Generalkarte Blatt 15.
Wissenswertes *Alzey* ist keltischen Ursprungs »Altiaia«, worauf Vangionen und Römer (Kastell) folgten. Die sagenumwobene Gestalt des »Volker von Alzey« aus dem Nibelungenlied spielt hier. Kaiser Friedrich II. ließ 1116/18 eine Burg anlegen, die im 15./16. Jahrhundert von den Wittelsbachern schloßartig ausgebaut wurde. 1277 erhielt Alzey Stadtrechte durch Rudolf von Habsburg. Im Schnittpunkt von Nord-Süd- und West-Ost-Verbindungen durch die neuen Autobahnen wächst die verkehrsgeographische Bedeutung der typischen Kleinstadt. Die sanierte Innenstadt besitzt Fachwerkhäuser, Renaissance- und Barockbauten, die spätgotische Nikolai-Kirche und ein burgartiges Schloß aus verschiedenen Bauepochen. – *Gau-Heppenheim* gotische Dorfkirche. – *Dittelsheim* und *Weinkastell Kloppberg* (wie

Tour 17). – *Hangen-Weisheim* gotische Kirche und Fachwerkhäuser. – *Eppelsheim* einzigartige mittelalterliche Dorfbefestigung und Windschutz durch einen doppelzeiligen Ulmenkranz (Rüster, »Effen«), wie sie früher viele rheinhessische Dörfer im abgeholzten Weinberg- und Ackerland umgaben. Heute sind die rheinhessischen Ulmen von einer Krankheit befallen, von der sie leider zerstört werden. Inzwischen ist der Baumkranz mit resistenten Bäumen aufgeforstet worden.

Tourenbeschreibung Von *Alzey* Richtung Nervenklinik – leicht ansteigend – auf verkehrsreicher Straße (bis zum Industrie- und Kaufhausgebiet) und über die Autobahn A 61, dann abwärts nach *Dautenheim* (3 km). Von Dautenheim, zunächst – leicht ansteigend – zu dem malerisch in einer »Kuschelmulde« liegenden *Gau-Heppenheim* (3 km) und weiter – abfahrend – nach *Framersheim* (3 km). Geradeaus durch Framersheim, dann in zwei Wellen durch die schier endlosen Weinberge nach *Dittelsheim* (5 km). Nach der Besichtigung des »schönsten Kirchturms von Rheinhessen« dem Schild »Weinkastell Kloppberg« – ansteigend – aber abwechslungsreich mit den vielen Hinweisschildern und dem »Freilichtmuseum« des Weinpfades folgen zum *Weinkastell Kloppberg* (1 km). Nach Rast und Aussicht Weiterfahrt auf dem betonierten Feldweg, der auf der Hochfläche nach *Hochborn* (3 km) führt. Durch den Ort in westlicher Richtung – abfahrend – nach *Hangen-Weisheim* (2 km) und weiter nach dem »Effendorf« *Eppelsheim* (2 km). Von Eppelsheim zunächst Richtung Dintesheim bis zur Autobahn A 61. Dort

(Foto: Ulrich Schnabel, Archiv DWV)

rechts entlang der Autobahn auf einem zum größten Teil asphaltierten Landwirtschaftsweg, der durch Büsche vom Geräuschlärm geschützt ist, nach *Dautenheim* (5 km). Von Dautenheim, wie gekommen, zurück nach *Alzey* (3 km).

21 Alzey – Weinheim (Rhh.) – Offenheim – Bechenheim – Nieder-Wiesen – Wendelsheim – Uffhofen – Flonheim – Bornheim – Lonsheim – Bermersheim – Albig – Heimersheim – Alzey

Schwierigkeitsstufe I/II.
Tourenlänge 31 km. **Fahrzeit** 3 Stunden.
Höhenunterschiede 50 Meter auf 2 Kilometer vor und in Offenheim; 50 Meter auf 1½ Kilometer hinter Bechenheim Richtung Nieder-Wiesen; 60 Meter auf 1,5 Kilometer von Lonsheim Richtung Bermersheim; 50 Meter auf 2 Kilometer von Albig Richtung Heimersheim.
Karten 1:50000 Rad-Wanderkarte Mainz und Rheinhessen; 1:200000 Generalkarte Blatt 15.

Wissenswertes *Alzey* (wie Tour 20). – *Weinheim bei Alzey* tertiäre Meeresablagerungen (Haifischzähne, Seekühe). Kirche St. Gallus mit Schnitzwerk Erhard Falkeners 1496 (wie Bechtolsheim). – *Flonheim* (wie Tour 11). – *Bermersheim v. d. Höhe* hier wurde 1098 die heilige Hildegard als Tochter eines Ministerialen geboren. Sie wirkte als Äbtissin, Ärztin, Philosophin und zählt zu den bedeutendsten Frauenpersönlichkeiten der Weltgeschichte. – *Albig,* romanischer Kirchturm, Autobahnkreuz »Albiger Kreuz«. – *Heimersheim* teilweise gotische katholische Kirche, in der evangelischen Kirche Barockorgel der Brüder Stumm (1750).

Tourenbeschreibung Von *Alzey,* unter der hohen Eisenbahnunterführung hindurch, in westlicher Richtung und später unter der hohen Autobahnbrücke hindurch, die das obere Selztal weit überspannt, nach *Weinheim* (3 km). Von dort weiter nach *Offenheim* (2 km) und – leicht ansteigend – nach *Bechenheim* (2 km). Dann über die Höhe mit steiler Abfahrt nach *Nieder-Wiesen* (2 km), in das idyllische Wiesbachtal der »Rheinhessischen Schweiz«, nach *Wendelsheim* (6 km), wo die Straße Alzey – Bad Kreuznach überquert wird, um im Wiesbachtal, jetzt zwischen Weinbergen, die Fahrt über *Uffhofen* (2 km) nach *Flon-*

heim (1 km) fortzusetzen. Von Flonheim rechts nach *Bornheim* (2 km) und *Lonsheim* (1 km). Hinter dem Ort in einer Kurve – ansteigend – durch die Weinberge zur Höhe und Abfahrt über *Bermersheim v.d. Höhe* (2 km) durch den Autobahnknoten nach *Albig* (2 km). Hier folgt man kurz der Bundesstraße B 40 Richtung Alzey, biegt aber gleich von der stärker befahrenen Straße rechts ab – leicht ansteigend – in Kurven schwingend nach *Heimersheim* (3 km), bis Ortsausgang Heimersheim, dann links durch die Autobahnunterführung und weiter – leicht ansteigend, dann Abfahrt nach *Alzey* (3 km).

22 Alzey – Mauchenheim – Offenheim – Orbis – Oberwiesen – Schniftenbergerhof – Nieder-Wiesen – Nack – Teufelsrutsch – Im Riedertal – Erbes-Büdesheim – Weinheim – Alzey

Schwierigkeitsstufe I/II.
Tourenlänge 36 km.
Fahrzeit 4 Stunden.
Höhenunterschiede 50 Meter auf 1 Kilometer von Mauchenheim Richtung Offenheim; 60 Meter auf 1,5 Kilometer von Offenheim Richtung Forsthaus Vorholz; 60 Meter auf 1,5 Kilometer vom Wiesbachtal nach Nack; 50 Meter auf 1,5 Kilometer im Riedertal; 50 Meter auf 1 Kilometer hinter Erbes-Büdesheim.
Karten 1:50000 Rad-Wanderkarte Mainz und Rheinhessen; 1:200000 Generalkarte Blatt 15.
Wissenswertes *Alzey* (wie Tour 20). – *Forsthaus Vorholz,* ehem. kurfürstlich-pfälzische, dann großherzoglich hessische Revierförsterei im größten rheinhessischen Waldgebiet mit 27 Hügelgräbern. Beim Forsthaus – heute Gaststätte – steht der »Napoleonstein«, 1811 errichtet zur Erinnerung an die Hochzeit Napoleons mit der österreichischen Kaisertochter Marie Luise. – *Orbis,* hier entspringt die Selz, die sich durch Rheinhessen bis Ingelheim schlängelt. Kirche mit bemerkenswertem romanischem Portal. – *Teufelsrutsch,* ehemaliger keltischer Ringwall mit Steilabhang und schöner Aussicht in das Wiesbachtal bis zum Donnersberg. 100jähriges »Schweizerhaus« des Verschönerungsvereins Wendelsheim. – *Erbes-Büdesheim,* die sog. »Rote Burg«, ehemalige Wasserburg der Ritter von Morschheim, heute im Privatbesitz. – *Weinheim* (wie Tour 21).

Bamberg
Galgen-B.
Eckelsheim
Bellerkirche
Flonheim
Ensheim
Biebelnheim
Bechtolsheim
Kath.K.
Petersberg
Gau-Odernheim
Dolg
Wonsheim
Fürfeld
Steigerberg
Uffhofen
Bermersheim v.d.Höhe
Hof Iben
Stein-Bockenheim
Bornheim
Lonsheim
Albig
Tiefenthal
Wendelsheim
Erbes-Büdesheim
HEIMERSHEIM
Gau-Köngernheim
SCHAFHAUSEN
Neubg.
Finkenbach
Wies-B.
Niederhsn. a.d.A.
Forsths.
Appelbach
Mörsfeld
Nack
Framersheim
ALZEY
Gau-Heppenhm.
Münsterappel
WEINHEIM
Dorfkirche
Bechenhm.
Stadion
DAUTENHEIM
Dittelshm.-
Kloppberg
Gutenbacherhof
Nieder-wiesen
Offenheim
Kettenhm.
Hochborn
Monzern
Mauchenhm.
Kriegsfeld
Forsths. Vorholz
Hieberg
Selzb.
Wahlhm.
Esselborn
Eppelsheim
Freimersheim
Morschheim
Oberwiesen
Dinteshm.
Hangen-Weisheim
Westh
Orbis
Flomborn
Illbesheim
Enz-heim
Seebach
Althof
Ehem. Kloster
Rothenkircherhof
Heubergerhof
Ob.-Flörsheim
Gunders-hm.

Tourenbeschreibung Durch den Viadukt der Eisenbahnlinie verläßt man in westlicher Richtung Alzey auf dem Radweg der Straße nach Weinheim. Unter der gewaltigen Autobahnbrücke, die das Selztal überspannt, hindurch, links abbiegend, weiter im oberen Tal der Selz nach *Mauchenheim* (5 km). Dort rechts – beim Friedhof ansteigend – nach *Offenheim* (2 km). Im Ort links Straße in Richtung Oberwiesen – ansteigend – zum Wald und dort geradeaus zum *Forsthaus Vorholz* (3 km). Dann in südlicher Richtung nach *Orbis* (1 km), das bereits in der Pfalz liegt. In Orbis rechts – zuerst leicht ansteigend – dann durch den Wald Abfahrt nach *Oberwiesen* (2 km) im Wiesbachtal.

Im idyllischen Tal des Wiesbaches links des Baches auf asphaltiertem Feldweg, dann über die Brücke des Wiesbaches auf geschottertem Waldweg – leicht aufwärts – zum *Hollahaus* 3 km). Hier links abbiegen zum Freizeitgelände und Sportplatz kurz vor dem *Schniftenbergerhof* 1 km), dem Wiesbach nun ent-

Zu Tour 25 **Hof Iben** (Foto: Michael Walke)

lang nach *Nieder-Wiesen* (1 km). Dort im Tale abwärts bis zur Straße, die rechts – ansteigend – nach *Nack* (3 km) führt. In der Ortsmitte links Richtung Wendelsheim bis zum Wald und in der Kurve links auf geschottertem Waldweg mit Alleebäumen zur *Teufelsrutsch* (3 km) mit Ausflugsgaststätte. Zurück zur Straße, Abfahrt bis zum Försterhaus, dort rechts einbiegen in das einsame Riedertal, auf dessen befestigten Landwirtschafts- und Weinbergweg – leicht ansteigend – an der Domäne vorbei *Erbes-Büdesheim* (5 km) erreicht wird. Am »Roten Schloß« links auf die Straße Richtung Alzey abbiegen. Diese alleeartige Straße führt zur Höhe des Alzeyer Hügellandes. Auf der Höhe nach etwa 400 Meter rechts abbiegen in die Straße, die in Kurven durch die Weinberge hinunter nach *Weinheim* (4 km) zieht. Von Weinheim, an der »Poppenschänke« vorbei, geradewegs nach *Alzey* (4 km).

23 Rheinhessische Schweiz: Flonheim – Uffhofen – Wendelsheim – Mörsfeld – Steinbockenheim – Wonsheim – Hof Iben – Neu-Bamberg – Wöllstein – Gumbsheim – Eckelsheim – Wendelsheim – Uffhofen – Flonheim

Schwierigkeitsstufe I/II.
Tourenlänge 36 km.
Fahrzeit 3–4 Stunden.
Höhenunterschiede 90 Meter vom Talgrund des Finkenbachs, durch Mörsfeld hindurch bis zur Höhe am Waldrand auf 2,5 Kilometer; 30 Meter auf 1 Kilometer von Wonsheim Richtung Hof Iben.
Karten 1:50000 Rad-Wanderkarte Mainz und Rheinhessen; 1:200000 Generalkarte Blatt 15.
Wissenswertes *Flonheim,* das Tor zur »Rheinhessischen Schweiz«. Ehemals Sandsteinbrüche und -industrie, »Flonheimer Sandstein« bereits zur Römerzeit, beliebt wegen seiner Muster. Marktplatz mit Rathaus (Laube) und neugotischer Kirche »Dom des Wiesbachtales«, Gebäude mit alten Sandsteinportalen. – Im Ortsteil *Uffhofen* alter Friedhof als Kulturdenkmal, ehemalige Wein- und Kartoffelkeller unter dem Friedhof. »Trulli«, alte runde, kuppelförmige Weinberghäuschen oberhalb der Geistermühle und auf dem Adelberg. – *Wendelsheim,* Rathaus

mit Gedenktafel der Märzrevolution 1848: »... Sicherheit und Friede in der Gemeinde über Allem ..., gestiftet durch die Einwohner der Gemeinde am 7. März 1848 bei Verkündigung der bürgerlichen Freiheit.« – *Wonsheim,* Geburtsort des Heimatschriftstellers und Pfarrers Heinrich Bechtolsheimer 1868–1950, seine Schriften u.a.: »Zwischen Rhein und Donnersberg«, »Weizenähre, Rebenblatt und Tannenzapfen«. – *Hof Iben,* Reste eines Templerklosters mit einer gotischen Kapelle mit sehr schönen Blattornamenten. Heute zwei Bauernhöfe. – *Neu Bamberg,* Mittelpunkt der »Rheinhessischen Schweiz« und eines Naturschutzgebietes mit Steppenheide auf eruptivem Gestein (Mühlberg, Galgenberg, Horn), anmutiges Bergstädtchen (früher Stadtrechte) mit Torturm und Burgruine über dem Appelbachtal. – *Eckelshein,* am südlichen Ortsausgang die »Beller Kirche«, eine gotische Kirchenruine, ehemals Mutterkirche mehrerer Gemeinden mit dem früheren »Beller Markt«.

Tourenbeschreibung Vom Marktplatz in Flonheim in südlicher Richtung zunächst zum Ortsteil *Uffhofen* (1 km) und entlang des Adelberges und des Wiesbaches – vorbei an der Geistermühle – gelangt man nach *Wendelsheim* (2 km). Durch die Bahnhofstraße am ehemaligen Bahnhof (heute Zuckerrübenbahn) folgt man dem Straßenschild »Mörsfeld« in das Finkenbachtal mit einem Naturschutzgebiet (Trockengrasheide auf eruptivem Gestein). Die Straße verläßt – rechts ansteigend – das Tal hinauf nach *Mörsfeld* (5 km). Weiter bergauf durch den ruhigen Ort kommt man, dem Schild »Steinbockenheim« folgend zum Waldrand, wo man eine Aussicht auf die Nordpfalz genießen kann. Durch den Wald, später bei guter Sicht auf das rheinhessische Tafel- und Hügelland, gelangt man – abfahrend – nach *Steinbockenheim* (5 km) und weiter nach *Wonsheim* (2 km), wo man links die Straße Richtung »Fürfeld« einschlägt. Leicht ansteigend erreicht man einen kleinen Wald, um dann – kurz steiler abfahrend – zum *Hof Iben* (3 km) zu kommen. Dort biegt man rechts ab in das Appelbachtal, das uns auf ruhiger Straße nach *Neu-Bamberg* (3 km) geleitet. Die Steppenheide der eruptiv geformten Hügel des Naturschutzgebietes ist gut zu sehen, am besten von der Burgruine auf der Spitze des Bergdorfes.

Weiter geht die Fahrt an der Junkermühle vorbei auf einer sich durch das hier recht anmutige Appelbachtal schlingenden Straße bis zur Ölmühle, wo wir rechts von der Straße abbiegen, um hinter der Mühle auf der Trasse eines ehemaligen Bähnchens über eine kleine Brücke nach *Wöllstein* (4 km) zu gelangen, das wir beim Stadion in der Bresac-Allee erreichen. Durch

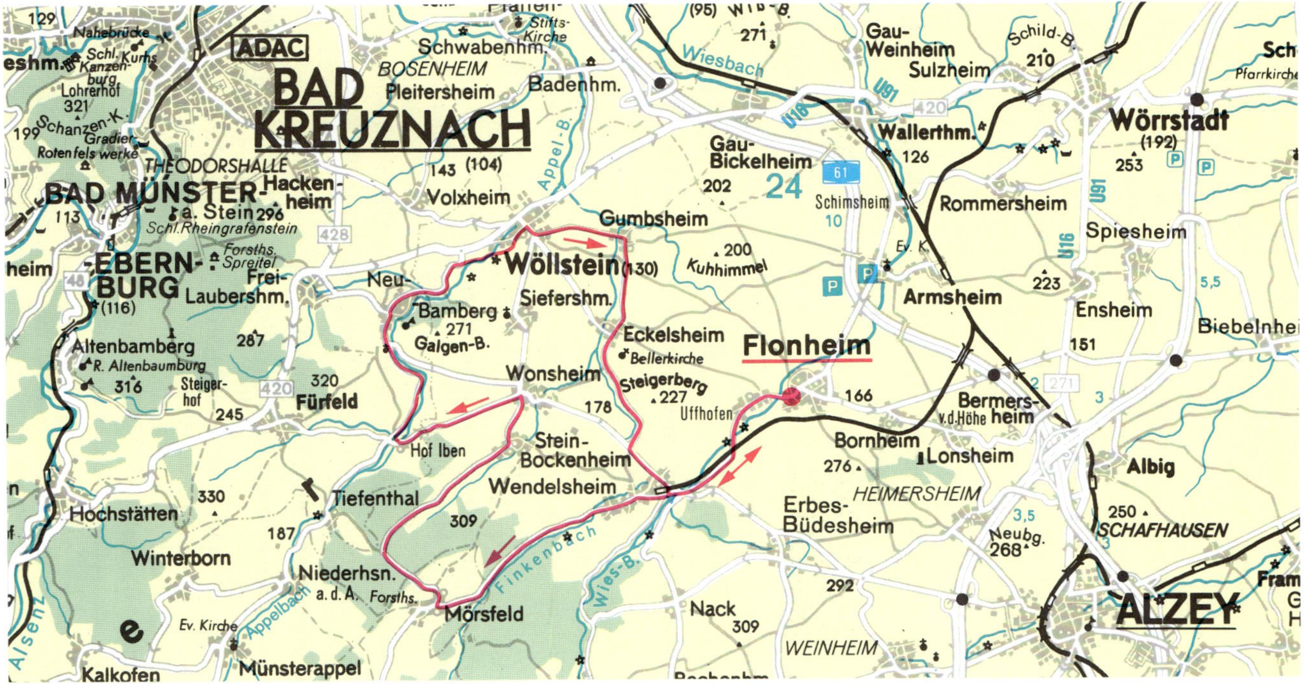

ADAC
BAD KREUZNACH
BAD MÜNSTER-a. Stein
EBERNBURG
Flonheim
Wöllstein
Gumbsheim
Siefersheim
Eckelsheim
Bellerkirche
Steigerberg 227
Uffhofen
Wonsheim
Stein-Bockenheim
Wendelsheim
Mörsfeld
Hof Iben
Bamberg 271
Galgen-B.
Neu-Bamberg
Fürfeld
Tiefenthal
Niederhsn. a. d. A.
Finkenbach
Wies-B.
Appel-B.
Appelbach
Gau-Bickelheim
Kuhhimmel
Armsheim
Bermersheim v.d.Höhe
Bornheim
Lonsheim
Erbes-Büdesheim
HEIMERSHEIM
Albig
SCHAFHAUSEN
ALZEY
Wörrstadt
Rommersheim
Spiesheim
Ensheim
Biebelnheim
Gau-Weinheim
Sulzheim
Wallerthm.
Schimsheim
Nack
WEINHEIM
Hochstätten
Winterborn
Münsterappel
Kalkofen
Altenbamberg
R. Altenbaumburg
Steigerhof
Frei-Laubersheim
Hackenheim
Volxheim
Badenheim
Pleitersheim
BOSENHEIM
Schwabenheim
Wiesbach
THEODORSHALLE
Schl. Rheingrafenstein
Alsenz

die Kirchstraße fährt man zur Ortsmitte, dort rechts, dann links nach *Gumbsheim* (1 km) und auf ruhiger Straße nach *Eckelsheim* (2 km). Am Ortsausgang begegnet man der »Beller Kirche« (Ruine), die links der Straße in den Weinbergen liegt. An den Sandgruben der tertiären Meeresablagerungen zur linken Hand vorbei, erreicht man die Straße Bad Kreuznach – Alzey, in die man links nach *Wendelsheim* (4 km) einbiegt. Nach der Ortsdurchfahrt biegt man wieder links in das Wiesbachtal ein, um nach *Uffhofen* (2 km) und an der Radsporthalle vorbei nach *Flonheim* (1 km) zurückzufahren.

24 Sprendlingen – Pfaffen-Schwabenheim – Badenheim – Sprendlingen – St. Johann – Wolfsheim – Vendersheim – Wallertheim – Gau-Bickelheim – Sprendlingen

Schwierigkeitsstufe I/II.
Tourenlänge 26 km.
Fahrzeit 2–2½ Stunden.
Höhenunterschiede 30 Meter auf 1 Kilometer hinter Sprendlingen, 70 Meter auf 2 Kilometer vor, in und hinter Wolfsheim.
Karten 1:50000 Rad-Wanderkarte Mainz und Rheinhessen; 1:200000 Generalkarte Blatt 15.
Wissenswertes *Sprendlingen,* in merowingischer Zeit Besitz der Abtei Neviges in Belgien, St. Gertrud, die Gertrudenstraße hier erinnert noch heute daran. Dann in wechselndem Besitz der vorderen Grafschaft Sponheim, Kurmainz und im 18. Jahrhundert Baden. Museum mit Werken des rheinhessischen Heimatschriftstellers Schulrat Franz-Josef Spang und des Bürgermeisters und Poeten Jakob Hirschmann. – *Pfaffen-Schwabenheim* ehemals Augustinerchorherrenstift mit bemerkenswerter romanischer Choranlage und zwei Flankierungstürmen, barocke Ausstattung des Schiffes und der Sakristei, ehemals auch Grablege der Grafen von Sponheim (Kreuznacher Linie). – *Badenheim,* schönes Ortsbild mit Fachwerkhöfen des Straßendorfes. Hier lebte der Bauerndichter und Bürgermeister Isaac Maus (1748–1833) »Der Pflüger hat den Dichterspleen . . .« Barocke Kirche. – *St. Johann* gotische Kirche mit Wandmalereien (Christophorus). – *Wallertheim,* aus keltischer Zeit bedeutende Grabfunde, u.a. den blau-gelben »Glashund von Wallertheim«. Romanischer Kirchturm mit Wandmalereien, Orgel um 1745 von Johann Michael Stumm aus Rhaunen im Hunsrück. – *Gau-Bickel-*

heim Zentralkellerei der rheinhessischen Winzergenossenschaften, historischer Marktplatz.

Tourenbeschreibung Die Radtour besteht aus der Form einer Acht, in deren Mittelpunkt *Sprendlingen* liegt. Von Sprendlingen in westlicher Richtung, am Friedhof und am Bahnhof vorbei, unter der Autobahn A 61 hindurch und über die B 50 (Vorsicht!) auf der von Weinbergen begrenzten Straße nach *Pfaffen-Schwabenheim* (3 km). Dort dem Hinweisschild »historische Klosterkirche« folgen. Von der Klosterkirche aus erreicht man durch die Klosterstraße die Badenheimer Straße, auf deren Radweg man nach *Badenheim* (1 km) radelt. Von dort zum Ortsteil »Am Bahnhof« und weiter zur B 50 (Vorsicht!) und unter der A 61 hindurch, dann links im Wiesbachtal und durch die Gertrudenstraße nach *Sprendlingen* (3 km).

Jetzt beginnt die »Radtour rund um den Wißberg«. Von Sprendlingen in östlicher Richtung – ansteigend – nach *St. Johann* (2 km), vorbei an stattlichen Winzergehöften, nach *Wolfsheim* (2 km) – weiter ansteigend – zur rheinhessischen Hochebene, die kurz vor dem Rheinsender des Südwestfunks erreicht wird (Aussicht!). Dort rechts einbiegen in einen breiten Weinbergweg, der nach *Vendersheim* (3 km) führt, das in einer geschützten südlichen Kuschelhanglage liegt. In Vendersheim rechts Abfahrt durch die Weinberge und Ackerfluren nach *Gau-Weinheim* (3 km). Nach der Ortsdurchfahrt in südlicher Richtung die B 420 (Ampel) überqueren und geradeaus nach *Wallertheim* (2 km). In der Ortsmitte rechts abbiegen nach *Gau-Bickel-*

heim (2 km), das mit der B 420 erreicht wird. Gegenüber der Kirche rechts zur Ortsmitte abbiegen. Dann entlang der Bahnlinie, unterhalb der Weinlagen des markanten Plateauberges Wißberg, vorbei an der Effenmühle zurück nach Sprendlingen (4 km).

25 Bad Kreuznach – Richtung Hackenheim – Forsthaus Spreitel – Fürfeld – Neu-Bamberg – Wöllstein – Badenheim – Bosenheim – Bad Kreuznach

Schwierigkeitsstufe I/II.
Tourenlänge 32 km. **Fahrzeit** 3 Stunden.
Höhenunterschiede 70 Meter auf 1 Kilometer von Kreuznach in Richtung Hackenheim; 120 Meter auf 4 Kilometer wellig von der Straße bei Hackenheim bis zum Schäferplacken.
Karten 1:50000 L 6112 Bad Kreuznach; L 6312 Rockenhausen; Rad-Wanderkarte Mainz und Rheinhessen; 1:200000 Generalkarte Blatt 15.
Wissenswertes *Bad Kreuznach* »Cruciniacum«, war über 450 Jahre Römersiedlung, zwei wertvolle große Mosaikfußböden (Gladiatorenszenen, Meerestiere), von römischen Bädern sind im Museum bei der Auffahrt zur Kauzenburg zu sehen. Altstadt, imposante Brückenhäuser auf der Nahebrücke, zum Teil aus dem 15. Jahrhundert. Kauzenburg oberhalb der Stadt von den Schweden 1632 erobert, von den Franzosen 1689 zerstört, heute architektonisch moderner Neubau (Restaurant) mit ehemaligen gewölbten Kellern. Das Salinental liegt anmutig zwischen Bad Kreuznach und Bad Münster mit den ältesten Gradierwerken (Karlshalle 1729), großen Park- und Freizeitsportstätten des Radiumheilbades Kreuznach. – *Hof Iben* frühgotische Kapelle inmitten eines Bauernhofes. Kleeblattarkaden und Knospenkapitäle. – *Neu-Bamberg* (wie Tour 23). – *Pfaffen-Schwabenheim* (wie Tour 24).

Tourenbeschreibung Von *Bad Kreuznach* – ansteigend – in östlicher Richtung bis zur Höhe vor Hackenheim, dann rechts (am Darmstädter Hof) abbiegen zum Hof Rheingrafenstein und *Forsthaus Spreitel* (6 km) und weiter südwärts zum *Schäferplakken* (2 km). Von dort den vierten Weg im Rundell nehmen in Richtung Steigerhof, dorthin nicht abbiegen, sondern geradeaus zur Straße B 420, die überquert wird nach *Fürfeld* (3 km).

Durch Fürfeld nach *Hof Iben* (2 km) und links im Appelbachtal nach *Neu-Bamberg* (3 km). Durch die »Rheinhessische Schweiz« entlang des Appelbaches entweder rechts auf der ehemaligen Bahntrasse oder links auf der Talstraße, und an der Ölmühle rechts einbiegend über die kleine Brücke der ehemaligen Bahntrasse nach *Wöllstein* (4 km), das man beim Stadion in der Bresac-Allee erreicht. In Wöllstein die parallel zur Bundesstraße verlaufende Ortsstraße benutzen bis zum östlichen Ortsende, wo man für etwa 300 Meter die B 420 fährt, dann links abbiegt und weiter durch das breite Appelbachtal nach *Badenheim* (4 km) und nach *Pfaffen-Schwabenheim* (2 km). Von dort entlang der Weinberge des Bosenberges nach *Bosenheim* (3 km), durch den Ort, und am westlichen Ausgang zur stark befahrenen B 428. Man folgt der Bundesstraße, weil keine andere Möglichkeit besteht, und biegt dann links ab nach *Bad Kreuznach* (3 km).

Bad Kreuznach, Brückenhäuser (Foto: Michael Walke)

26 Ludwigshafen (Ebertpark) – Friesenheim – Oppau – Oggersheim – Ludwigshafen

Schwierigkeitsstufe I.
Tourenlänge 15 Kilometer.
Fahrzeit 1–1½ Stunden.
Höhenunterschiede Keine.
Karten 1:20000 Radfahren Stadt Ludwigshafen; 1:200000 Generalkarte Blatt 15.
Anmerkung Die Radwandertouren 26 und 27 können miteinander kombiniert werden. Die Radwege R im Großraum Ludwigshafen sind mit einem grünen Schild versehen. Radtouren 26–29.
Wissenswertes Die Großstadt *Ludwigshafen* verdankt ihre Entwicklung der raschen Industrialisierung um die Mitte des

vergangenen Jahrhunderts. Vorwiegend chemische Industrie. Im Zweiten Weltkrieg wurde Ludwigshafen stark zerstört. Zu den markantesten Neubauten der Stadt zählen heute die Friedrich-Ebert-Halle, der Pfalzbau, der moderne Hauptbahnhof (Pylon-Konstruktion) und das Wilhelm-Hack-Museum mit seiner imposanten, von Joan Miró auf einer Länge von 55 Metern und 10 Metern Breite gestalteten Keramikwand. – *Ludwigshafen-Oggersheim* Pfarr- und Wallfahrtskirche Mariae Himmelfahrt von Peter Anton Verschaffelt.

Tourenbeschreibung Vom Radweg (R 5) entlang der Straße östlich des Friedrich-Ebert-Parks (Erzberger Straße) zur Sternstraße und dem Richtungsschild »Radrennbahn« folgend durch die Keplerstraße in *Friesenheim* (2 km) zur Radrennbahn. Leistungszentrum Radsport von Rheinland-Pfalz. Von hier aus links abbiegen auf den Radweg, der zum *Freibad* »Willersinnweiher« (1 km) führt. Durch die Freizeitsportanlagen hindurch führt der Weg zwischen den beiden Weihern geradeaus auf asphaltiertem Landwirtschaftsweg, dem »Bremmenweg«, zum südlichen Ortsrand von *Oppau* (2 km), wo man links in die Horst-Schork-Straße einbiegt. Man folgt dieser Straße, um dann wieder links in den nächsten Landwirtschaftsweg, nach Süden führend, einzubiegen. Parallel zu dem vorherigen führt jetzt der asphaltierte Feldweg (R 12) wieder zurück zu den Willersinn-Weihern und dem Freizeitsportgelände. Geradeaus weiter und über die Brücke beim Bahnhof nach *Oggersheim* (3 km) zum

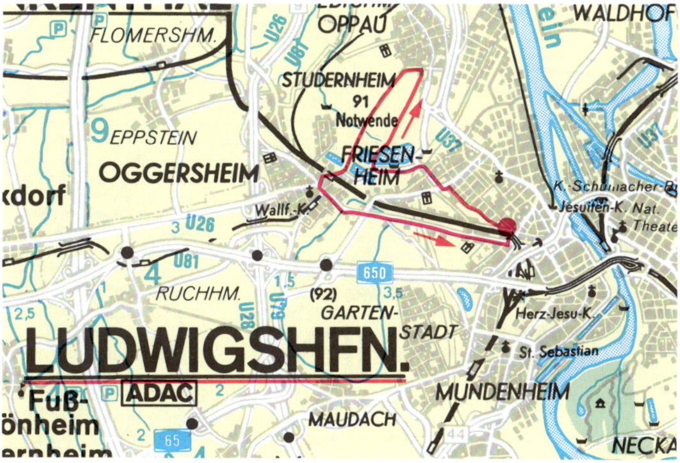

Ortsmittelpunkt und zur Pfarr- und Wallfahrtskirche (ausgeschildert). Der Rückweg nach Ludwigshafen führt über den Radweg (R 4) entlang der Mannheimer und der Frankenthaler Straße, an der Unfallklinik und am Heinrich-Pesch-Haus vorbei, in das Zentrum von *Ludwigshafen* (5 km).

27 Ludwigshafen – Oggersheim – Maudach – Mundenheim – Ludwigshafen

Schwierigkeitsstufe I.
Tourenlänge 12 km. **Fahrzeit** 1 Stunde.
Höhenunterschiede Keine.
Karten 1:20 000 Radfahren Stadt Ludwigshafen; 1:200 000 Generalkarte Blatt 15.
Wissenswertes (Wie Tour 26).

Tourenbeschreibung Von der Stadtmitte Ludwigshafen aus über den Radweg (R 4) der Frankenthaler Straße und Mannheimer Straße bis zur großen Straßenkreuzung vor *Oggersheim* (5 km). Dort links in die Professor-Stanke-Straße einbiegen. Der Radweg entlang der Straße führt rechts zum Freizeitsport- und Erholungsgebiet von Oggersheim. Man folgt dem Radweg weiter unter der Autobahn A 650 hindurch in das Gebiet des Maudacher Bruches. Hier ist ein eigenes Radwegenetz (R 16) ausgeschildert, das im Halbrund auf schönen und gut gepflegten

Wegen zunächst nach *Maudach* (3 km) und weiter der Baumzone entlang nach *Gartenstadt* (2 km) (R 3) führt. Durch den Friesenheimer Weg gelangt man in die Kallstädter Straße und dann rechts durch die Raschigstraße zurück in Richtung Zentrum *Ludwigshafen* (2 km). – Es ist auch möglich, weiter im Bereich des Maudacher Bruches zu bleiben und bis zu seinem Ende an der A 650 zu fahren, um dort über die Brücke Richtung Oggersheim/Frankenthaler Straße weiter zu fahren. Man kann dann über die Frankenthaler Straße in die Stadtmitte Ludwigshafen zurückfahren (von Maudach 7 km, R 17 und ab Mannheimer Straße wieder R 4).

28 Ludwigshafen – Oggersheim – Ruchheim – Fußgönheim – Friedelsheim – Wachenheim – Bad Dürkheim – Birkenheide – Lambsheim – Flomersheim – Eppstein – Oggersheim – Ludwigshafen

Schwierigkeitsstufe I/II.
Tourenlänge 48 km.
Fahrzeit 5 Stunden.
Höhenunterschiede 50 Meter auf 3 Kilometer vor, in und nach Wachenheim in Richtung Bad Dürkheim.
Karten 1:50000 L 6516 Mannheim, L 6514 Bad Dürkheim, Wandern und Radwandern zwischen Rhein und Pfälzerwald; 1:200000 Generalkarte Blatt 15.
Wissenswertes *Ludwigshafen, Ludwigshafen-Oggersheim* (wie Tour 27). – *Fußgönheim* gehörte ehemals den Grafen von Leiningen und Falkenstein, dann erwarb der kurpfälzische Hofkanzler Jakob Tillmann von Hallberg den Ort und baute das Schloß und die barocke Kirche, die Dank des ortsansässigen rührigen Museumsvereins in den letzten Jahren renoviert wurden. – *Friedelsheim* alte Fachwerkhäuser, gotisch-barocke Kirche. – *Wachenheim* 765 erstmals erwähnt, gotische St.-Georgs-Kirche, Fachwerkhäuser, Sektkellereien. Oberhalb die Ruine Wachtenburg. – *Bad Dürkheim* – Bade- und Kreisstadt. Die Salzgewinnung wird bereits 1338 erwähnt und 1716 ausgebaut. Hier befindet sich das längste, über 300 Meter lange Gradierwerk Deutschlands. Der in der Nähe gelegene »Kriemhildenstuhl« ist ein römischer Steinbruch mit 24 römischen Inschriften und 40 Zeichnungen. Die einst mächtige Abtei Limburg westlich von Bad Dürkheim wurde 1030 unter Kaiser Konrad II. gegründet. Das

Fußgönheim, Schloßkirche (Foto: Ulrich Schnabel)

Benediktinerkloster wurde 1574 aufgehoben. Die imposante romanisch-gotische Ruine dient heute als Festspielort. In Bad Dürkheim wird in der 2. und 3. Septemberwoche das älteste und größte Weinfest Deutschlands, der »Dürkheimer Wurstmarkt«, gefeiert. Auf dem Wurstmarktgelände steht das größte Weinfaß der Welt. Es faßt 1,7 Millionen Liter, war aber noch nie gefüllt, sondern es dient als Gastwirtschaft. Kurparkanlagen und Spielbank. – *Eppstein* gotisch-barocke Kirche im Ortsmittelpunkt.

Tourenbeschreibung Die Fahrt aus der Industriestadt Ludwigshafen an die Deutsche Weinstraße beginnt wie bei der Tour

27 entlang der Frankenthaler Straße (R 4) nach *Oggersheim* (5 km). Dort links die Straße Richtung Ruchheim einschlagen und vorbei am Oggersheimer Autobahnkreuz auf der Landstraße nach *Ruchheim* (4 km). Von Ruchheim schlängelt sich die Straße nach *Fußgönheim* (3 km), wo man das Heimatmuseum besuchen kann. Durch die Ortsstraßen zum südlichen Ortsausgang. Dort rechts den asphaltierten Feldweg durch die Obstbaumanlagen in etwa parallel zum Schwabenbach nach *Gönnheim* (2 km), wo man den ersten Weinbergen der Weinstraße begegnet. Gleich hinter dem Ort erreicht man in westlicher Richtung *Friedelsheim* (1 km). Seit geraumer Zeit konnte man die Bergkette des Ostabhanges des Pfälzer Waldes, die Haardt, vor sich liegen sehen. Jetzt nähert man sich durch die weiträumigen Weinberge dieser eindrucksvollen Bergkette, die man dann auch bei *Wachenheim* (3 km) erreicht. Im Ortsmittelpunkt trifft man dann auch auf die eigentliche Deutsche Weinstraße (Straßenbezeichnung als auch Gebietsbezeichnung für das breite Weinbergband entlang der Haardt). Nun fährt man entlang der Weinstraße auf dem Radweg – leicht ansteigend – nach *Bad Dürkheim* (3 km), um in der Stadt wieder abwärts in Richtung Isenachtal zu fahren.

Bad Dürkheim wird dann in östlicher Richtung auf der verkehrsreichen Straße, der B 37, verlassen, der man für nur kurze Zeit in Richtung Ludwigshafen folgt, um dann gleich hinter der Eisenbahnbrücke links abzubiegen. Man gelangt zunächst durch die Bruchstraße in das Industriegebiet, dann an der Kläranlage vorbei zur Straße Erpolzheim – Ellerstadt. Auf befestigtem Radweg (R 7) fährt man geradeaus weiter zum Wald bei *Birkenheide* (9 km) und weiter auf einem Waldradweg zum Sportplatz mit Vereinsheim. Auf der Zufahrtsstraße zum Sportplatz gelangt man dann zur Straße Weisenheim am Sand – Birkenheide – Fußgönheim. Gegenüber liegt ein Tiergehege, das man besuchen kann; man fährt dann vom Eingang des Tiergeheges aus in östlicher Richtung zum breiter ausgebauten Weg »Neustädter Straße«, in die man jetzt links abbiegt, um zunächst weiter durch den Wald, dann geradewegs nach *Lambsheim* (4 km) zu gelangen. Man überquert dort die Bahnlinie und fährt zum Ortsmittelpunkt. Dort fährt man rechts und wieder in östlicher Richtung nach *Flomersheim* (3 km), von wo man, wieder über die Bahnlinie fahrend, sofort nach *Eppstein* (1 km) gelangt. Am südlichen Ortsende biegt man links in die Straße ein, die am Sportgelände der DJK Eppstein am »Neugraben« entlang führt bis zur Bahnlinie Frankenthal – Ludwigshafen. Hier rechts entlang der Bahn auf asphaltiertem Wirtschaftsweg, der dann in

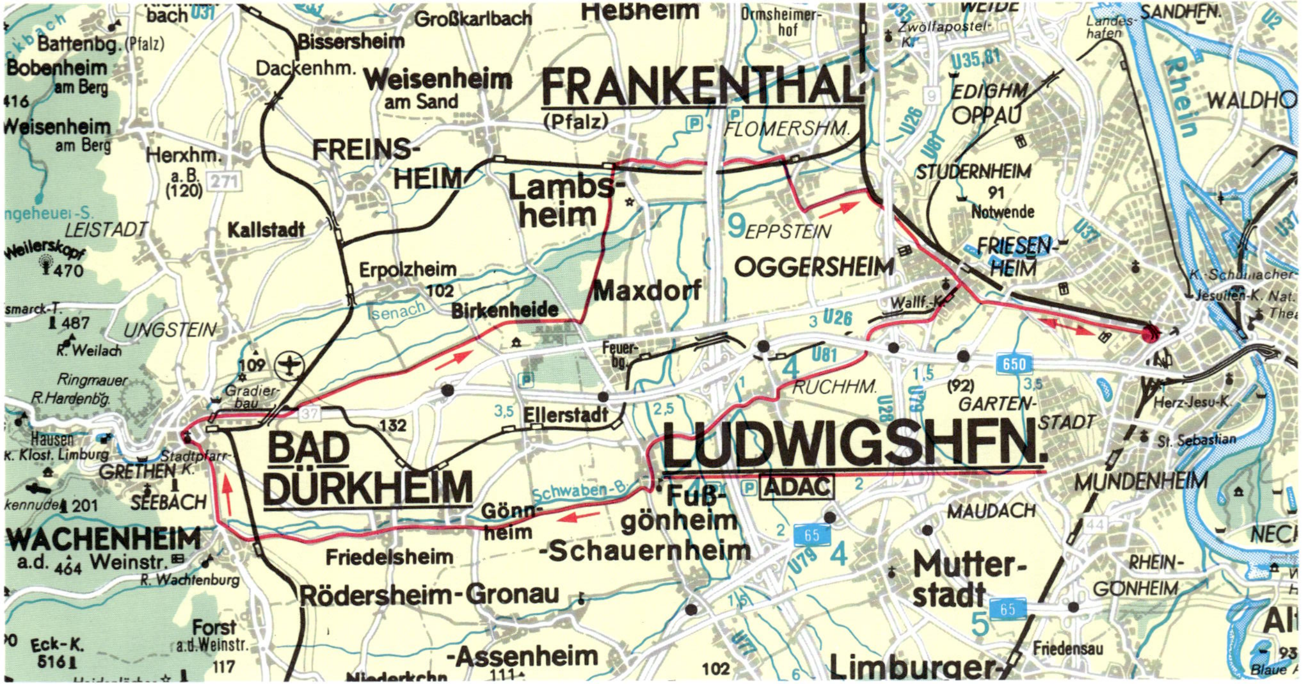
FRANKENTHAL
(Pfalz)
LUDWIGSHFN.
BAD
DÜRKHEIM
Rhein
Heßheim
Großkarlbach
Bissersheim
Dackenhm.
Weisenheim
am Sand
FREINS-
HEIM
Lambs-
heim
FLOMERSHM.
Ormsheimer-
hof
EDIGHM
OPPAU
STUDERNHEIM
Notwende
FRIESEN-
HEIM
OGGERSHEIM
EPPSTEIN
Maxdorf
Birkenheide
Erpolzheim
Kallstadt
Herxhm.
a.B.
(120)
Battenbg. (Pfalz)
Bobenheim
am Berg
Weisenheim
am Berg
LEISTADT
Weilerskopf
UNGSTEIN
R. Weilach
Ringmauer
R.Hardenbg.
Gradier-
bau
Hausen
K. Klost. Limburg
GRETHEN
Stadtpfarr-
K.
SEEBACH
WACHENHEIM
a.d. Weinstr.
R. Wachtenburg
Forst
a.d.Weinstr.
Eck-K.
Friedelsheim
Rödersheim-Gronau
-Assenheim
Gönn-
heim
Schwaben-B.
Ellerstadt
Feuer-
bg.
Fuß-
gönheim
-Schauernheim
ADAC
RUCHHM.
GARTEN-
STADT
MUNDENHEIM
MAUDACH
Mutter-
stadt
Friedensau
Limburger-
RHEIN-
GONHEIM
Herz-Jesu-K.
St. Sebastian
Wallf.-K.
K. Schumacher-
Jesuiten-K.
Zwölfapostel-
K.
SANDHFN.
Landes-
hafen
WALDHO
WEIDE
Isenach

einem Bogen unter der Bundesstraße 9 hindurchführt und geradeaus weiter nach *Oggersheim* (4 km) zur verkehrsreichen Ortsmitte. Auf dem Radweg entlang der Mannheimer und Frankenthaler Straße gelangt man wieder in das Zentrum von *Ludwigshafen* (5 km).

29 Ludwigshafen – Rheingönheim – Altrip – Waldsee – Neuhofen – Waldmühle – Rheingönheim – Ludwigshafen

Schwierigkeitsstufe I.
Tourenlänge 28 km. **Fahrzeit** 3 Stunden.
Höhenunterschiede Keine.
Karten 1:20000 Radfahren Stadt Ludwigshafen; Rad-Wanderkarte zwischen Rhein und Pfälzerwald; 1:200000 Generalkarte Blatt 15 und 18.
Wissenswertes *Ludwigshafen* (wie Tour 26). – *Altrip,* römisch »alta ripa« wie *Rheingönheim* ehemaliges Römerkastell, wie die Fundstätten beweisen. Kirchturm romanisch. – *Waldsee* einige Fachwerkhäuser.

Tourenbeschreibung Am Stadion und Sportgelände von Ludwigshafen beginnt die Radwanderung (Schild R 1) in die südlich von Ludwigshafen gelegenen Flußniederungen und Auenwälder. Zunächst wird auf dem Radweg des »Kaiser-Wörthdammes« die Hauptstraße von *Rheingönheim* (3 km) erreicht, wo man dann links in den Kornackerweg einbiegt, der später in etwa parallel zu einer langen Fabrikhalle verläuft. Man folgt dann dem ausgebauten »Rheinauen-Radwanderweg« R 52, der gut beschildert ist, und später immer am Rhein-Hauptdamm entlang läuft, nach *Altrip* (5 km). Auch hier folgt man dem Dammweg zwischen Rhein und Ortschaft im Halbbogen, um dann weiter in südlicher Richtung durch herrliche Auenwälder auf diesem bequemen Radwanderweg immer am Damm entlang zu fahren. Dieser Weg führt noch 50 Kilometer weiter nach Süden bis zur deutsch-französischen Grenze bei Lauterburg und ist ein Teil des Radwegenetzes Rheinland-Pfalz. Man gelangt hinter Altrip zur *Rhein-Klause* (5 km), einem beliebten Ausflugslokal am Rhein für die Bevölkerung der Umgebung. Dort biegt man nach etwa 300 Metern rechts in den Wald ein, um auf einem romantischen Schlängelweg entlang des Trimmpfades zur Straße kurz vor *Waldsee* (3 km) zu gelangen. In der Ortsmitte biegt

MANNHEIM
ADAC
WALLSTADT
FEUDENHM.
LUDWIGSHFN.
ADAC
OGGERSHEIM
EPPSTEIN
FRIESEN-
HEIM
Notwende
Maxdorf
Birkenheide
Feuer-
bg.
Ellerstadt
RUCHHM.
GARTEN-
STADT
Herz-Jesu-K.
St. Sebastian
MUNDENHEIM
MAUDACH
Fuß-
gönheim
Gönn-
heim
-Schauernheim
-Gronau
Mutter-
stadt
Limburger-
hof
Dannstadt-
-Assenheim
Hochdf.-
Meckenheim
Böhl-
Lachgraben
Schwaben-B.
Friedensau
Kohlhof
Rehhütte
RHEIN-
GONHEIM
Neuhofen
Waldsee
Altrip
Blaue Adria
Weißes
Häusl
NECKARAU
RHEINAU
Rohrhof
Brühl
Leim-B.
Schützenhs.
HIRSCHACKER
Plank
PFINGST-
BERG
FRIEDR
FELD
Alt-
eichwald
Sueben-
heim
SECKEN-
HM.
Ilvesheim
NEU-
OSTHM.
Luisen-
park
K.-Schumacher-Br.
Jesuiten-K.
Nat.
Theater
Wallf.-K.
650
65
6
U26
U81
U28
U79
U77
U30
U37
U4
U6
U57
U55
U76
U74
(95)
(92)
93
98
102
104
111
100
36
44

man ab in nördlicher Richtung nach *Neuhofen* (4 km), einer Straße mit abgesetztem Radweg. Nach der Ortsdurchfahrt biegt man hinter einer Bachbrücke rechts auf einen beschilderten Radweg ab, der durch das ehemalige Bett eines Altrheinbogens geruhsam zur *Waldmühle* (2 km) führt. Von dort gelangt man zur Straße Altrip – Rheingönheim, der man auf einem parallelen Radweg in Richtung *Rheingönheim* (3 km) folgt, um dort in Richtung Ludwigshafen einzubiegen. Man gelangt dann wieder auf den Radweg, der zum Südweststadion von *Ludwigshafen* (3 km) zurückführt.

30 Frankenthal – Mörsch – Petersau – Oberer Busch – Scharrau – Silbersee – Roxheim – Bobenheim – Frankenthal

Schwierigkeitsstufe I.
Tourenlänge 26 km. **Fahrzeit** 2 Stunden.
Höhenunterschiede Keine.
Karten 1:50000 L 6516 Mannheim, Wandern und Radwandern zwischen Rhein und Pfälzer Wald; 1:200000 Generalkarte Blatt 15.
Wissenswertes *Frankenthal* 772 erstmals urkundlich bezeugt. Unter Kurfürst Carl Theodor erlebt die Stadt einen neuen Aufschwung durch dic wertvolle »Frankenthaler Porzellan-Manufaktur«. Stadttore (Wormser Tor 1772, Speyerer Tor 1773), prachtvolle Fassade der Dreifaltigkeitskirche (1709–32). – *Roxheim,* 775 im Codex des Klosters Lorsch erstmals erwähntes ehemaliges Fischerdorf. »Gondelfest«. Urwüchsige Altrheinpartien.

Tourenbeschreibung Von der nördlichen Stadtmitte *Frankenthals* dem weißen Ortsschild »Mörsch« folgen auf dem Radweg der Mörscher Straße nach *Mörsch* (2 km). In östlicher Richtung hinter dem Ort zunächst unter der Autobahn A 6 hindurch Radweg zur Anbindung an die Schnellstraße Richtung Worms. Vor der Kläranlage rechts zur A 6 und durch die Unterführung hindurch gleich links entlang des Wirtschaftsweges parallel zur Autobahn bis zum Rheinufer. Dort fährt man unter der großen Autobahnbrücke hindurch (in der Mitte der Brückenrampe kann man über eine Treppe den Radweg dieser Brücke erreichen, um dann auf der anderen Rheinseite durch die Riedforsten bei Mannheim-Sandhofen und Lampertheim zu radeln).

Auf dem gut ausgebauten Radweg entlang des Rheinhauptdammes gelangt man zuerst zur *Petersau* (6 km), einem stattlichen Hofgut, und weiter dem Damm entlang zum *Oberen Busch* (2 km) mit Schleusenhaus. Von hier abbiegen in westlicher Richtung, dem grünen Fahrradwegweiser folgend, durch die Weiden- und Gemüselandschaft von *Roxheim* (3 km). Vor Roxheim beim Schild »Altrheinpfad« mit dem Zeichen 2> links abbiegen in das Naturschutzgebiet bis zum schilfbestandenen Wasser. Am Wasser rechts entlang bis zur kleinen Schleuse auf die Insel *Scharrau* (2 km). Dort dem Zeichen 4> folgen durch das Gebiet des »Silbersees«.

Von der Insel her sieht man auf dem gegenüberliegenden Ufer Roxheim mit seinen alten Fischerhäuschen, am Uferrand und auf dem See tummeln sich seltene Wasservögel. Beim Strand des Silbersees biegt man rechts und später nochmals rechts ab und gelangt nach *Roxheim* (3 km) und durch die Ortsmitte nach *Bobenheim* (2 km), wo man die Bundesstraße 9 überquert. Dann durch die Grünstadter Straße links in die Bahnhofstraße, an deren Ende man die Bahnunterführung benutzt, um in die Kleinniedesheimer Straße zu gelangen. Am ersten Aussiedlerhof links auf den asphaltierten Landwirtschafts-

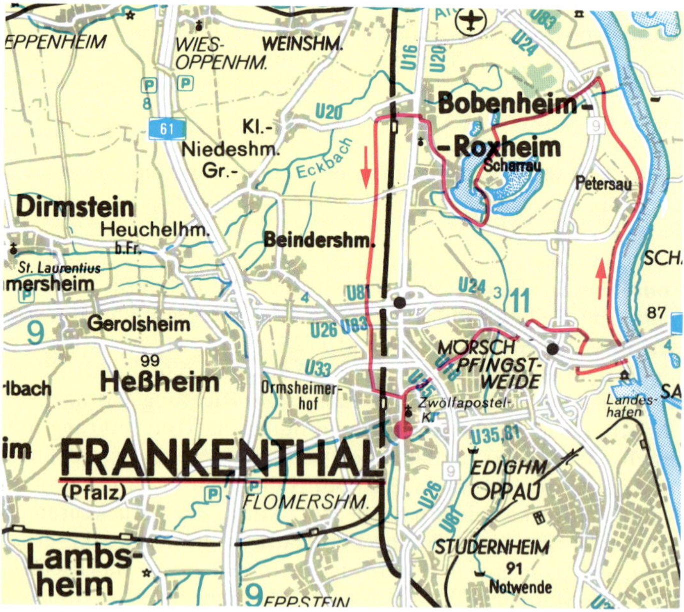

weg einbiegen und durch die weiten Gemüsefelder parallel zur Bahnlinie geradeaus in südlicher Richtung und unter der Autobahn A 6 hindurch nach *Frankenthal* 6 km), das man durch das Industriegebiet wieder erreicht.

31 Grünstadt – Sausenheim – Neuleiningen – Nakterhof – Wattenheim – Carlsberg – Hertlingshausen – Altleiningen – Höningen – Kleinkarlbach – Grünstadt

Schwierigkeitsstufe II.
Tourenlänge 30 km. **Fahrzeit** 3 Stunden.
Höhenunterschiede 120 Meter auf 3 Kilometer von Sausenheim über Neuleiningen (dort steilerer Anstieg) bis zur Autobahnunterführung, kurzer Anstieg von den Fischweihern bei der Hetschmühle in Richtung Carlsberg, ebenso hinter Altleiningen Richtung Höningen.
Karten 1:50000 L 6514 Bad Dürkheim, Wandern und Radwandern zwischen Rhein und Pfälzer Wald; 1:200000 Generalkarte Blatt 15.
Wissenswertes *Grünstadt* (wie Nr. 19). – *Neuleiningen,* markantes, weithin sichtbares Bergstädtchen mit vielen alten Stein- und Fachwerkhäusern, ringförmig angelegten Straßen, bekrönt von der gotischen St.-Nikolaus-Kirche und der Ruine der quadratisch angelegten orientalisch beeinflußten Burg. – *Altleiningen,* Stammburg der Grafen von Leiningen. Die Burg wurde wie die Burg in Neuleiningen im Erbfolgekrieg 1690 von den Franzosen zerstört. Aus den Ruinen ist heute eine moderne Jugendherberge gestaltet worden. Im Ort befindet sich der 20-Röhren-Brunnen. – *Höningen,* Reste des ehemaligen Augustiner-Chorherrenklosters. 1569 wurde das Kloster im Zuge der Reformation von den Leiningern aufgehoben und ein berühmtes Gymnasium eingerichtet. Der Klosterbezirk ist noch gut erkennbar (Tor, Mauer, Portale). Friedhofskirche St. Jakob romanisch mit Freskenmalereien.

Tourenbeschreibung Von *Grünstadt* Straße nach *Sausenheim* (2 km) und weiter nach *Neuleiningen* 2 km), wo anfangs der Kurve die Steigung beginnt, die in das Bergstädtchen führt. Auch nach dem Ort steigt die Straße allmählich an. Man sollte im Ort auf der Burg nicht die herrliche Aussicht auf die Rheinebene versäumen, wie auch auf der Straße nach Tiefenthal den

Blick in das romantische bewaldete Altleininger Tal. Etwa 400 Meter vor der Autobahn links in einen asphaltierten Wirtschaftsweg (auch Wanderweg des Pfälzerwaldvereins mit Zeichen »grüner Strich«) einbiegen. Der Weg führt zum *Nakterhof* (4 km) und weiter auf etwa gleicher Höhe nach *Wattenheim* (3 km). Man fährt hier weiter aufwärts an der Schule und der Kirche vorbei bis zum Höhepunkt der Straße, um dann links – abwärts – in das Rothbachtal zu den Weihern an der Hetschmühle zu fahren. Durch den Wald in westlicher Richtung – leicht ansteigend – bis zur Höhe, wo man links hinunter in den Ort *Carlsberg* 4 km) fährt. Durch diese weiträumige Streusiedlung mit ihrem weithin sichtbaren Wasserturm gelangt man nach *Hertlingshausen* (1 km), wo man links abbiegt, um auf der Talstraße nach *Altleiningen* (3 km) zu gelangen. Hier lohnt sich ein Abstecher (weißes Schild) zur Burg Altleiningen. Vor dort wieder zurück am Ortseingang die Straße Richtung Höningen einschlagen, der man – nach kurzem Anstieg – in mehreren Kurven nach dem im Tale liegenden *Höningen* (3 km) folgt. Höningen mit seiner Klosterruine lädt zum Verweilen ein, um dann durch das anmutige Höninger Tal mit seiner Birkenallee zum Eckbachtal zwischen den beiden Bergstädtchen Neuleiningen und

Battenberg über »Drahtzug« nach *Kleinkarlbach* (9 km) zu gelangen. Von hier aus links durch die Weinberge nach *Sausenheim* 1 km) und dann auf der Straße Sausenheim wieder zurück nach *Grünstadt* (2 km).

32 Bad Dürkheim – Ungstein – Freinsheim – Kirchheim/Weinstraße – Kleinkarlbach – Battenberg – Bobenheim am Berg – Leistadt – Bad Dürkheim

Schwierigkeitsstufe I/II.
Tourenlänge 28 Kilometer.
Fahrzeit 3 Stunden.
Höhenunterschiede Vor Dackenheim 50 Meter auf 1,5 Kilometer; 40 Meter auf 1 Kilometer in und nach Kleinkarlbach; 120 Meter auf 2 Kilometer vor und in Battenberg; 40 Meter auf 1 Kilometer nach Weisenheim am Berg.
Karten 1:50000 L 6514 Bad Dürkheim; Wandern und Radwandern zwischen Rhein und Pfälzer Wald; 1:200000 Generalkarte Blatt 15.
Wissenswertes *Bad Dürkheim* (wie Nr. 28). – *Ungstein,* Winzerhöfe mit Fachwerk. – *Freinsheim,* spätmittelalterliche Stadt-

Bad Dürkheim – Hardenburg, Burgruine Hardenburg (Foto: Heinz Wittner)

anlage mit noch vorzüglich erhaltenen Stadtmauern mit Toren und Türmchen, Rathaus mit überdachter Freitreppe. Spätgotische Kirche mit Renaissance-Portalen. – *Dackenheim* romanisch-gotische Kirche St. Maria, romanische Kapitelle und frühmittelalterliche Fresken. – *Kirchheim/Weinstraße* sehenswerte Winzerhöfe mit schönen Toreinfahrten parallel zur Hauptstraße. Andreaskirche gotisch-barock mit Stumm'scher Orgel. – *Battenberg* hochgelegener malerischer Ort mit Panoramablick über die Weinstraße, die Rheinebene bis zum Odenwald und den Schwarzwald. Burg, Ringmauern sind noch vorhanden. Eine einmalige geologische Sehenswürdigkeit sind die »Blitzröhren« an der Straße unterhalb der Burg. Sie entstanden durch Versinterung des ockerfarbenen Erdreichs, verursacht durch eisenhaltige Quellen. – *Weisenheim am Berg,* mittelalterliche Wandmalereien in der gotischen Kirche.

Tourenbeschreibung Vom Dürkheimer Faß aus Straße in nordöstlicher Richtung zum Weinbauort *Ungstein* (2 km). Im Ortsmittelpunkt nach dem »Scharfen Eck« zum östlichen Ortsausgang, dort links in die Straße einbiegen, die durch weiträumige Weinberganlagen, später an einem alten Bildstock vorbei, auf einem Radweg parallel zur Straße nach dem Winzer- und Obstbauernort *Freinsheim* (4 km) führt. Rundfahrt durch die Ortsmitte. Von Freinsheim durch die Obstbaumfelder, später durch die Weinberge – ansteigend – und unter der Bahnlinie Bad Dürkheim – Grünstadt hindurch, nach *Dackenheim* (3 km). Am nördlichen Ortsausgang rechts dem Landwirtschaftsweg folgen, zur Straße B 271, der man etwa 1,5 Kilometer entlangfährt nach *Kirchheim/Weinstraße* (3 km). Empfehlenswert eine kurze Ortsdurchfahrt. In westlicher Richtung den Ort wieder verlassen, durch das Eckbachtal mit Blick auf die Berge und die Bergstädtchen Neuleiningen und Battenberg auf dem Radweg rechts im Tal nach *Kleinkarlbach* (2 km). Im Ort links abbiegen, auf dem Radweg – ansteigend – Straße Richtung Bad Dürkheim, die am Haardtrand entlangführt. Nach 1 Kilometer rechts abbiegend, und Auffahrt mit größerer Steigung nach *Battenberg* (3 km) mit den »Blitzröhren« am Straßenrand und dem herrlichen Blick über die Rheinebene. Die Abfahrt lohnt dann wie-

Radausflug, Neustadt an der Weinstraße
(Foto: Tourist Information Neustadt an der Weinstraße)

der den Aufstieg. Einbiegen in die obere »Weinstraße«, rechts Radweg nach *Bobenheim am Berg* (4 km) und weiter durch die am Haardtrand liegenden hübschen Winzerorte mit alten Kirchen und Fachwerkhäusern: *Weisenheim am Berg* (1 km) und *Leistadt* (2 km). Zwischen Weisenheim am Berg und Leistadt folgt man am besten dem grün ausgeschilderten Radweg durch die Weinberge = Wandermarkierung »roter Strich« des PWV. Weiter durch die Weinberge in südlicher Richtung. Abfahrt vom hochgelegenen Leistadt auf dem Radweg oberhalb der Straße nach *Bad Dürkheim* (4 km) im Tal der Isenach.

33 Neustadt/Weinstraße – Gimmeldingen – Königsbach – Deidesheim – Forst – Wachenheim – Forsthaus Rotsteig – Forsthaus Silbertal – Gimmeldingen – Haardt – Neustadt/Weinstraße

Schwierigkeitsstufe II.
Tourenlänge 30 km.
Fahrzeit 3½ Stunden.
Höhenunterschiede 80 Meter auf 3 Kilometer von Neustadt in Richtung Gimmeldingen; 50 Meter von Hildenbrandseck bis zum Waldrand hinter Königsbach; 250 Meter auf 4 Kilometer im Wachenheimer Tal bis kurz vor dem Forsthaus Rotsteig; 50 Meter auf 0,5 Kilometer zwischen Forsthaus Rotsteig und Forsthaus Silbertal.
Karten 1:50000 L 6714 Neustadt an der Weinstraße, L 6514 Bad Dürkheim, Wandern und Radwandern zwischen Rhein und Pfälzer Wald; 1:200000 Generalkarte Blatt 15.
Wissenswertes *Neustadt/Weinstraße,* Bezirkshauptstadt des rheinland-pfälzischen Regierungsbezirks Rheinhessen-Pfalz, bereits früher Verwaltungsmittelpunkt der Kurfürsten von der Pfalz. Gotische Stiftskirche mit Türmerwohnung und der schwersten, 350 Zentner wiegenden Glocke der Welt. In der neugestalteten Fußgängerzone Fachwerk- und Renaissancehäuser, verbunden mit Kunstobjekten. Schule des deutschen Wetterdienstes. Krönungsort der »Deutschen Weinkönigin«. – *Gimmeldingen,* viele typische alte Winzerhäuser mit Torbogen aus dem 16.–19. Jahrhundert. Alljährlich Mandelblütenfest. – *Hildenbrandseck,* ehemaliges Schloß, 1616 erbaut. Parkanlagen. – *Königsbach,* Dorf, das früher unmittelbar dem König unterstand. – *Deidesheim,* berühmter Weinort an der Weinstraße.

Wachenheim, St.-Georgs-Kirche
(Foto: Verbandsgemeindeverwaltung Wachenheim an der Weinstraße/Willi Bottler)

Alljährlich die Geißbockversteigerung vor der Freitreppe des 1532 erbauten Rathauses. – *Forst,* Straßendorf mit Winzerhöfen, 17.–19. Jahrhundert. – *Wachenheim* (wie Nr. 28). – *Forsthaus Rotsteig,* weitläufiges Wildtiergehege. – *Haardt,* anerkannter Erholungsort »Balkon der Pfalz«, langgestrecktes Winzerdorf.

Tourenbeschreibung Von *Neustadt/Weinstraße* durch die Gimmeldinger Mandelallee – rechts den Radweg benutzen – leicht ansteigend nach *Gimmeldingen* (3 km), dann nach der Ortsdurchfahrt am Ortsende rechts die Straße einschlagen, die – leicht bergab – nach *Hildenbrandseck* (1 km) führt. Von hier – aufwärts – nach *Königsbach* (1 km). Nach der Ortsdurchfahrt am Waldrand entlang, teilweise auf weniger gutem Wald-/Weinbergweg, dann leicht bergab durch ein Kastanienwäldchen (hier besser das Fahrrad schieben) zur Gaststätte »Pfalzblick« mit weiter Aussicht in die Rheinebene. Bergab in das Weinbachtal, von wo aus ein guter Weg in östlicher Richtung am Schwimmbad vorbei nach *Deidesheim* (4 km) führt. Von Deidesheim Radweg in Richtung Bad Dürkheim, wo zunächst *Forst* (2 km) erreicht wird. Hier benutzt man die Ortsdurchfahrt, nicht die Umgehungsstraße. Von Forst auf dem Radweg weiter auf dem der B 271 entlang führenden Radweg – leicht ansteigend – nach *Wachenheim* (2 km). In Wachenheim biegt man ein in das »Wachenheimer Tal«, das mit einer schmalen Straße reizvoll in den Pfälzer Wald führt, zunächst leicht ansteigend, später jedoch steiler werdend bis zum Höhenschild 340 m kurz vor dem *Forsthaus Rotsteig* (7 km) mit dem Wildtiergehege. (Bemerkung: Bei gutem Wetter samstags/sonntags im Tal viel Autoverkehr.) Zwischen den beiden Forsthäusern Rotsteig und *Silbertal* (1 km) ist eine kürzere aber hohe Steigung zu überwinden, die aber belohnt wird mit einer Abfahrt durch das romantisch verschlun-

gene Gimmeldinger Tal (Silbertal) am Nordhang des Weingebiets, die nach *Gimmeldingen* (5 km) führt. Dort rechts nach *Haardt* (1 km) mit schöner Aussicht und bergab nach *Neustadt* (2 km).

34 Neustadt/Weinstraße – Hambach – Maikammer – Edenkoben – (St. Martin – Kropsburg –) Villa Ludwigshöhe – Rhodt – Edesheim – Großfischlingen – Venningen – Kirrweiler – Lachen – Speyerdorf – Neustadt

Schwierigkeitsstufe I/II.
Tourenlänge 35 Kilometer. – Über St. Marin und Kropsburg 40 Kilometer.
Fahrzeit 3–4 Stunden.
Höhenunterschiede 80 Meter auf 2 Kilometer von Neustadt nach Hambach; 50 Meter auf 1,2 Kilometer vor Ludwigshöhe.
Karten 1:50000 L 6714 Neustadt/Weinstraße, Wandern und Radwandern zwischen Rhein und Pfälzer Wald; 1:200000 Generalkarte Blatt 15.
Wissenswertes *Neustadt/Weinstraße* (wie Nr. 33). – *Hambach,* malerische Gäßchen mit alten Häusern und Fachwerkbauten. –

Neustadt an der Weinstraße (Foto: Heinz Wittner)

Diedesfeld, schöne Winzerhäuser mit Torbogen und Fachwerk 16.–19. Jahrhundert, Rathaus und Kirche barock. – *Maikammer* eine Vielzahl malerischer Winzerhäuser 16.–19. Jahrhundert, Kirche barock. – *St. Martin* ist das typische Winzerdorf, gekennzeichnet durch zahlreiche Fachwerkhäuser und der von einem Mauerkranz umgebenen gotisch-barocken Kirche. – *Kropsburg* (334 m), oberhalb von St. Martin gelegen, zu Beginn des 13. Jahrhunderts von den Speyerer Bischöfen erbaut. Lehensträger waren verschiedene Adelsgeschlechter, ab 1439 die Dalberger. Im Laufe ihrer Geschichte wurde die Burg fünfmal zerstört. Heute bewirtschaftete Ausflugsburg. – *Edenkoben,* Luftkurort, 1818 Stadtrechte, bis 1945 bayerisches Amtsstädtchen (Rheinpfalz). Winzerhöfe, Amtshäuser, Reste des ehemaligen Zisterzienserinnenklosters Heilsbruck. – *Ludwigshöhe,* Schloß, »Villa« 1846–52 nach den Plänen von Friedrich von Gärtner für König Ludwig I. von Bayern im klassizistischen Stil als bayerische Sommerresidenz erbaut. Heute im Besitz des Landes Rheinland-Pfalz als Ausstellungsgebäude für Werke pfälzischer Künstler unter anderem Max Slevogt. Daneben die Sportschule des südwestdeutschen Fußballverbandes. Sessellift zur Rietburg. – *Rhodt,* geschlossene Formation einer Straße mit fränkischen Gehöften, die »Theresienstraße«, in deren Mitte eine bezaubernde Kastanienallee. – *Edesheim,* alte Höfe, ehemaliger Posthof von Thurn und Taxis, Schloß der Freiherrn von Holbach. – *Großfischlingen,* Teile einer Wasserburg mit romanischen Bogenfriesen. – *Venningen,* typische Winzerhäuser, Renaissance-Rathaus, barocke Kirche. – *Kirrweiler,* Teile der alten Ortsbefestigung noch erhalten. Friedhofskirche ein Kleinod des Rokoko, an der Straße nach Lachen gelegen. – *Lachen-Speyerdorf,* Fachwerkhäuser, Segelfluggelände.

Tourenbeschreibung Diese Radwanderung südlich von Neustadt führt fast immer durch Weinberge und durch malerische Winzerdörfer mit dem Blick auf die Pfälzer Berge und Burgen der Haardt. Von Neustadt Ortsmitte folgt man dem Schild »Deutsche Weinstraße«, die sich südlich des Bahnhofs in einigen großen Kurven hinauf zur Hambacher Höhe windet, um nach *Hambach* (4 km) zu gelangen. Weiter in südlicher Richtung auf der »Deutschen Weinstraße« nach *Diedesfeld* (1 km), am Bergrand oberhalb die Maxburg, das »Hambacher Schloß«, dann *Maikammer* (2 km) und *Edenkoben* (3 km). In der Stadtmitte rechts (Richtung Forsthaus »Heldenstein«) abbiegen und am ehemaligen Kloster Heilsbruck vorbei zunächst in westlicher Richtung bis zur Straße, die das Tiefenbachtal durchquert, auf die andere Talseite zur Straße Richtung »Ludwigshöhe«. Nach einem Anstieg erreicht man die *Ludwigshöhe* (3 km). Man kann aber auch vor der Ludwigshöhe am Waldrand links den Fußweg benutzen und das Fahrrad durch den Eßkastanienwald hinaufschieben.

(Alternativstrecke über St. Martin und die Kropsburg: Von Maikammer nach *St. Martin* und von dort hinauf zur *Kropsburg*. Man folgt dann auf dem mit einer gelben Traube markierten Wanderweg »Deutsche Weinstraße« dem Weg Richtung Edenkoben, biegt aber vor der Stadt wieder rechts ab in das Edenkobener Tal, um auf der anderen Talseite hinauf *»Villa Ludwigshöhe«* zu erreichen). Sehr schöne Aussicht von der Terrasse des Schlosses auf die Weinstraße und die Rheinebene. Zurück bis zur Fußballschule und dort rechts die Straße – bergab – nach *Rhodt* (2 km) einschlagen. In Rhodt durch die vielbewunderte Theresienstraße zum südlichen Ortsausgang, in östlicher Richtung nach *Edesheim* (2 km). Durch die Ortsstraße von Edesheim in Richtung Bahnhof, dort die Bahnlinie Neustadt – Landau überqueren, dann über die Brücke der Autobahn A 65, gleich danach links, dann rechts in den asphaltierten Weg, der nach *Großfischlingen* (3 km) führt. Am Friedhof links abbiegen und zur Ortsmitte, dann in nördlicher Richtung durch ein flaches Wiesen- und Weidental nach *Venningen* (1 km) und in der gleichen Richtung durch die Weinberge (Radweg) nach *Kirrweiler* (2 km). In Kirrweiler geradeaus bis zum Friedhof mit der Rokoko-Kapelle, dort rechts abbiegen und gleich wieder links durch die für Autos gesperrte ehemalige Straße, die vorzüglich für Radfahrer geeignet ist, durch die Weinberge bis zur neuen Umgehungsstraße, auf deren Damm man rechts bis zur Einfahrt nach *Lachen-Speyerdorf* (5 km) fährt. Durch die Ortsmittelpunkte der Doppelgemeinde bis zur Straße nach Neustadt im nördlichen Ortsteil Speyerdorf (links) und dann auf dem Radweg dieser Straße über die Autobahnbrücke nach *Neustadt* (5 km).

35 Speyer – Deutschhof – Reffenthal – Otterstadt – Waldsee – Schifferstadt – Speyer

Schwierigkeitsstufe I.
Tourenlänge 25 Kilometer. **Fahrzeit** 2 Stunden.
Höhenunterschiede Keine.
Karten 1:50000 L 6716 Speyer, Wandern und Radwandern zwischen Rhein und Pfälzerwald; 1:200000 Generalkarte Blatt 15 und 18.
Wissenswertes *Speyer* ehemals freie Reichsstadt und Sitz eines Fürstbischofs, seit der Römerzeit (»Noviomagus«) eine der bedeutendsten historischen Städte Deutschlands. Der imposante romanische Kaiserdom birgt die Gräber der deutschen Könige und Kaiser Konrad II., Heinrich III., Heinrich IV., Heinrich V., Philipp von Schwaben, Rudolf von Habsburg, Adolf von Nassau, Albrecht I. Speyer war Schauplatz zahlreicher Hof- und Reichstage. 1529 Protestation der evangelischen Reichsstände gegen den reformationsfeindlichen Reichstagsbeschluß. Stadttor »Altpörtel« (13. Jahrhundert), historisch wertvolle Bürger- und Amtshäuser in der Maximilianstraße. Reste von Kloster- und Adelshöfen und der Stadtbefestigung. Neugotische Gedächtniskirche. Bis 1945 war Speyer Sitz des Regierungspräsidiums des bayerischen Rheinkreises (Pfalz). Das Pfälzische Landesmuseum veranstaltet jährlich bedeutsame Sonderausstellungen. Al-

Räder am Rhein, Hintergrund: Dom von Speyer (Foto: Ulrich Schnabel)

tes Judenbad. Verwaltunghochschule. – *Waldsee* (wie Tour 29). – *Schifferstadt* die noch junge Stadt (seit 1950) ist Mittelpunkt des Gemüseanbaugebiets der Vorderpfalz mit einem großen Gemüsemarkt. Fachwerkhäuser, Rathaus aus dem Jahre 1558 mit überdachter Freitreppe. Berühmter Goldfund, der »Schifferstädter goldene Hut«, ein Kultgegenstand aus der Zeit um 1300 vor Christus.

Tourenbeschreibung Vom Dom durch den Domgarten zur Hafenstraße durch die Franz-Kirrmeier-Straße in nördlicher Richtung auf dem Radweg (R52) zum Rheinhauptdamm beim *Deutschhof* (3 km). Man folgt diesem asphaltierten Rheindammweg unter der Autobahn A61 hindurch an den nördlich von Speyer gelegenen Baggerseen über *»Reffenthal«* (3 km) und immer weiter dem Damm entlang nach *Otterstadt* (2 km). Auf dem Dammweg am nordöstlichen Ortsrand von Otterstadt gelangt man in das Freizeit- und Erholungsgebiet des Otterstädter Altrheins, einer ruhigen markanten Auenlandschaft. Auch hier führt der überregionale Radwanderweg am Damm entlang in Richtung Ludwigshafen. Bei der *Altrhein-Klause* (3 km) (siehe Tour 29) links in den Wald abbiegen und auf dem Schlängelpfad entlang den »Trimm-Dich-Stationen« nach *Waldsee* (2 km). In Waldsee Ortsmitte durch die Ludwig-, Haardt- und Gretenstraße zur Schifferstädter Straße, die dann mit Radweg durch fruchtbare Tabak-, Spargel-, Frühkartoffel- und Gemüsefelder über die Brücke der B9 und schließlich durch ein Waldstück auf dem ausgeschilderten Radweg nach *Schifferstadt* (5 km) führt.

In Schifferstadt in südlicher Richtung auf dem Radweg entlang der Straße Schifferstadt – Speyer durch den Schifferstädter und Speyerer Stadtwald zurück nach *Speyer* (8 km), das man am Wartturm erreicht, um auf dem Radweg der Wormser Landstraße, am Friedhof vorbei, in die Innenstadt zu fahren.

36 Speyer – Iggelheimer Straße – (Dudenhofen) – Radweg Speyer-Neustadt – Hanhofen – Harthausen – Speyer

Schwierigkeitsstufe I.
Tourenlänge 20 km. **Fahrzeit** 1½ Stunden.
Höhenunterschiede Keine.
Karten 1:50000 L 6716 Speyer, Wandern und Radwandern zwischen Rhein und Pfälzerwald; 1:200000 Generalkarte Blatt 15 und 18.
Wissenswertes *Speyer* (wie Tour 35). – *Dudenhofen,* Fachwerkhäuser (16.–19. Jahrhundert), Modellspielplatz Rheinland-

Pfalz, Radrennbahn. – *Hanhofen,* Fachwerkhäuser. – *Harthausen* alte Fachwerkhäuser und Tabakscheunen.

Tourenbeschreibung Diese kürzere Radtour in die westliche Umgebung von Speyer führt zunächst auf dem Radweg neben der Iggelheimer Straße entlang bis zur Abzweigung links in Richtung Dudenhofen, wo man zunächst das *Waldhaus Ganerb* (4 km) erreicht. Weiter entlang der Straße bis kurz vor den nördlichen Ortseingang von *Dudenhofen* (2 km). Hier rechts einbiegen in den Wald und auf dem Waldweg in nordwestlicher Richtung, dem Radwanderweg Speyer – Neustadt, der mit einem grünen Radwegeschild (R 58) gekennzeichnet ist. Man folgt diesem Weg in Richtung Neustadt weiter durch den vorwiegend mit Kiefern bestandenen Dünensandwald bis zur Höhe nördlich von Hanhofen, um dann links in südlicher Richtung auf den Landwirtschaftsweg und Radweg (ausgeschildert) und über die Umgehungsstraße nach *Hanhofen* (5 km) abzubiegen. In Hanhofen auf die Hauptstraße rechts abbiegen bis zum westlichen Ortsausgang, um dann weiter auf dem Radweg der Straße Hanhofen – Harthausen nach *Harthausen* (2 km) zu fahren. In der Ortsmitte in die Straße Richtung Dudenhofen einbiegen bis rechts zur »Rappengasse«, die dann nach 300 Metern in gut ausgebaute Landwirtschaftswege mündet. Durch die Spargel-, Gemüse-, Obstbaum- und Tabakfelder (mit Tabakscheunen) in östlicher Richtung überquert man die Straße Dudenhofen – Römerberg südlich von Dudenhofen, um dann geradeaus mit Blick auf die an Türmen reiche Stadtsilhouette von Speyer die beiden Umgehungsstraßen westlich der Stadt zu erreichen. Durch die

Speyer am Rhein, Dom (Foto: Ulrich Schnabel)

Unterführung der ersten und über die Brücke der zweiten Umgehungsstraße gelangt man zur Wimphelingstraße, die dann weiter durch die Immanuel-Kant-Straße zur Hans-Purrmann-Allee entlang des Speyerbaches in die Stadtmitte von *Speyer* (7 km) zurückführt.

Zwei Radtouren-Hinweise

1. R-58 Speyer – Neustadt/Weinstraße (28 km), vorwiegend durch Wald, von Speyer ausgeschildert.
2. Radtour: Vom Rhein zum Wein, Speyer – Edesheim/Weinstraße (26 km), ausgeschildert mit Schild »Speyerer Dom, Traube, Radfahrer« (Speyer – Dudenhofen – Harthausen – Gommersheim – Böbingen – Freimersheim – Großfischlingen – Edesheim).

37 Speyer (Industriegebiet) – Rheinhauptdamm – Mechtersheim – Berghausen – Speyer

Schwierigkeitsstufe I.
Tourenlänge 25 km. **Fahrzeit** 2 Stunden.
Höhenunterschiede Keine.
Karten 1:50000 L 6716 Speyer, Wandern und Radwandern zwischen Rhein und Pfälzerwald; 1:200000 Generalkarte Blatt 18.
Wissenswertes *Speyer* (wie Tour 35). – *Mechtersheim* und *Berghausen* Fachwerkhäuser.

Tourenbeschreibung Vom Festplatz in Speyer südlich des Domes unter der Umgehungsstraße hindurch auf dem Radweg entlang des Industriegebietes bis zum Rheinhauptdamm (2 km). Dort rechts dem überregionalen Rheinauen-Radwanderweg (R 52) in südlicher Richtung folgen, der sich – breit ausgebaut – durch die Altrheinlandschaft mit vielen Seen, Auenwäldern, Weiden und Gebüsch schlängelt. Vor Lingenfeld erreicht man die Straße Lingenfeld – Berghausen (Heiligenstein), in die man

rechts einbiegt, um dann nach etwa 1 Kilometer wieder rechts entlang der ersten Rheinterrasse nach *Mechtersheim* (15 km, Straße mit Radweg) einzubiegen. Durch Mechtersheim, an Heiligenstein im Osten vorbei, nach *Berghausen* (3 km), wo man vor der Kirche rechts abbiegt und die Rheinterrasse wieder hinunterfährt, um dann nach etwa 500 Metern links auf den asphaltierten Feldweg abzubiegen, der nach etwa 1,5 Kilometern über die Brücke der Umgehungsstraße von Süden her zum Ortseingang in die Kardinal-Wendel-Straße und weiter in das Zentrum von *Speyer* (5 km) führt.

38 Germersheim – Radwanderweg Rheinauen – Leimersheim – Neupotz – Rheinzabern – Rülzheim – Bellheim – Germersheim

Schwierigkeitsstufe I.
Tourenlänge 36 km. **Fahrzeit** 3–4 Stunden.
Höhenunterschiede Keine.
Karten 1:50000 L 6716 Speyer, L 6916 Karlsruhe-Nord, L 6914 Landau, Wandern und Radwandern in der Südpfalz; 1:200000 Generalkarte Blatt 18.
Wissenswertes *Germersheim* wird in römischer Zeit als Militärstation Vicus Julius genannt. Der Ort entwickelt sich zur Stadt (1276). Festungsanlagen. Heute Verwaltungsmittelpunkt der Südostpfalz. Fachbereich angewandte Sprachwissenschaften der Universität Mainz (»Dolmetscherinstitut«). – *Leimersheim* 778 im Lorscher Codex erwähnt. Gepflegte Fachwerkhäuser. – *Rheinzabern* das römische »Tabernis«-»Tabernae Rhenanae« verdankt seine sehr frühe Erwähnung einer blühenden römischen Ziegelindustrie (terra sigilata), die Mauersteine, Dachziegel und Tongefäße herstellte und weit in das Römerreich exportierte. Das Ortsbild wird geprägt von zahlreichen gut erhaltenen Fachwerkbauten des 18. Jahrhunderts. Kirche St. Michael (barock 1777) mit gotischem Turm. – *Rülzheim* 774 erwähnt in den Urkundenbüchern der Klöster Weißenburg und Lorsch. Das gepflegte Ortsbild weist malerische Fachwerkhäuser auf. Großes Freizeit-, Spiel- und Sportgelände. – *Bellheim* wird 776 erstmals im Lorscher Codex erwähnt. Zahlreiche Fachwerkhäuser. Modellspielplatz Rheinland-Pfalz am nördlichen Ortsende.

Tourenbeschreibung In *Germersheim* durch die Hans-Mayer-Straße und über die Eisenbahnbrücke zum Gasthaus *»Vater*

Rhein« (1 km). Von hier aus in südlicher Richtung auf dem Radwanderweg »Rheinauen« entlang des Rheinhauptdammes durch die herrlichen Auenwälder, Altrheinarme und Wiesen in freier Fahrt ohne Behinderungen durch die Naturschutzgebiete »Rotten« und »Karlskopf« bis nach *Leimersheim* (12 km) und weiter auf der Landstraße nach *Neupotz* (3 km). (Wegen des fehlenden Radweges Leimersheim – Neupotz an kurvenreicher Straße kann man auch auf dem Radwanderweg »Rheinauen« weiterfahren und dann dem Wegweiser »Neupotz« dorthin folgen.) Von Neupotz in westlicher Richtung zur Auffahrt Schnellstraße B 9, wo man dem Landwirtschaftsweg zur »Wanzenheimer Mühle« folgt, um von dort weiter nach *Rheinzabern* (4 km) zu fahren, wo man zur Mühle abbiegt und durch das Gelände der Mühle fährt, bis man nach ca. 400 Metern einen asphaltierten Weg erreicht, in den man rechts einbiegt. Man kommt an einer Kreuzigungsgruppe vorbei, erreicht Rheinzabern in der Maximiliansstraße. In Rheinzabern durch die Badgasse, rechts die Hauptstraße, an der Kirche und dem Museum vorbei, dann links in die Bahnhofstraße zum Bahnhof, wo man der Bahnlinie entlang in nördlicher Richtung zunächst unter der Umgehungsstraße hindurch, dann durch den Wald immer dem Zeichen »grün« des Pfälzer Waldvereins (PWV) nachfährt. Nach etwa 2 Kilometern biegt der Weg von der Bahnlinie rechts ab. Man folgt dem Weg auf einem gut ausgebauten sich dahinschlängelnden Pfad durch den Mischwald, überquert den Rottenbach, um

Rheinzabern (Foto: Heinz Wittner)

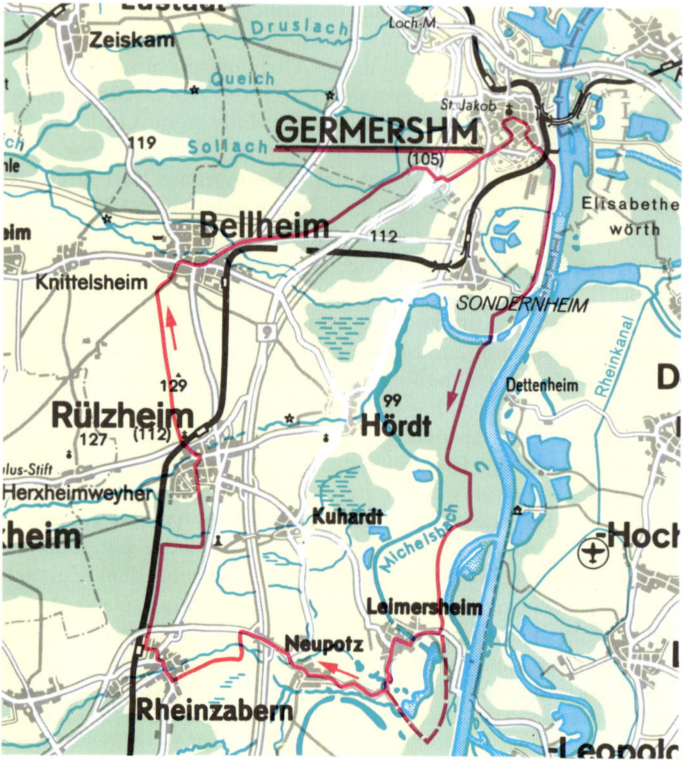

dann am Waldrand beim Schul- und Sportzentrum *Rülzheim* (4 km) zu erreichen. In Rülzheim durch die Hoppelgasse zur Ortsmitte bei der Kirche, dann links durch die Mittlere Ortsstraße Richtung Herxheim und kurz nach dem Bahnübergang rechts durch einen Hohlweg auf asphaltiertem Landwirtschaftsweg geradeaus in nördlicher Richtung durch die Spargel-, Gemüse- und Getreidefelder nach *Bellheim* (4 km). In Bellheim zur Ortsmitte bei der Kirche, dann rechts durch die Hauptstraße in Richtung Germersheim bis zum Beginn des Waldes, wo man am Militärdepot links auf den gekennzeichneten Rad- und Wanderweg einbiegt. Man folgt diesem Weg durch den Mischwald und über die breite Umgehungsstraße bis zum Ausgang vor Germersheim, wo man bei der Graf-von-Sponeck-Kaserne auf den Radweg parallel zur B 9 trifft. Dieser Radweg führt nach *Germersheim* (6 km).

39 Wörth – Büchelberg – Scheibenhardt – Neulauterburg – Berg – Neuburg am Rhein – Maximiliansau – Wörth (Anschluß Karlsruhe)

Schwierigkeitsstufe I.
Tourenlänge 33 km.
Fahrzeit 3 Stunden.
Höhenunterschiede Keine.
Karten 1:50000 L 6914 Landau in der Pfalz, L 7114 Rastatt, Wandern und Radwandern in der Südpfalz; 1:200000 Generalkarte Blatt 18.
Wissenswertes *Wörth* hat sich binnen eines Jahrzehntes von einem beschaulichen Fischer- und Bauerndorf (im Ortskern alte Fachwerkhäuser) zu einer von Industrie geprägten Mittelstadt entwickelt (Lkw-Fabrikation, Ölraffinerie, Großhafen). – *Büchelberg,* eine Rodungsinsel im »Bienwald«. Der Ort liegt auf einer leichten Anhöhe abseits vom Verkehr, eine »Oase der Ruhe«. – *Scheibenhardt* mit Scheibenhard auf der französischen Seite der Lauter durch eine gemeinsame Kirche verbunden. – *Neulauterburg* Grenzübergang nach Frankreich (Lauterburg). – *Berg* Fachwerkhäuser. – *Neuburg am Rhein* 1570 lag Neuburg noch auf der rechten Rheinseite. Nach einem schweren Unwetter bahnte sich der Rhein ein neues Bett, so daß der Ort für kurze Zeit auf einer Insel lag. Der alte westliche Rheinarm verlandete aber rasch, so daß Neuburg seitdem auf der linken Rheinseite liegt. Fischer- und Fachwerkhäuser. – Der *Bienwald* ist ein 23 Kilometer langes und 18 Kilometer breites Waldgebiet in der Rheinebene, das seinen Namen von lat. »silva apiatica« (= Bienenwald) herleitet. Eichen, Buchen, Birken und Kiefern bilden den mitunter sumpfigen, mitunter sandigen großräumigen Wald mit einem bunten Gemisch von Sträuchern und vorzüglichen Heidelbeeren.

Tourenbeschreibung Vom westlichen Ortsrand von *Wörth* die Straße Richtung Schaidt einschlagen und über die Autobahn A 65, dort dem Schild »Schaidt 2 t« folgen. Nach 300 Metern links in den breiten Waldweg, die »Buchstraße«, einbiegen, der geradeaus bis zur Straße Kandel – Hagenbach (überqueren) und zur Straße mit dem Richtungsweiser »Büchelberg« führt. Auf dieser Straße geradeaus bis zur Straße Kandel – Neulauterburg, der man in südlicher Richtung etwa 200 Meter lang folgt, um dann rechts auf dem asphaltierten Landwirtschaftsweg nach *Büchelberg* (9 km) zu fahren. Im Ort Schild »Scheibenhardt«

Freckenfeld
Bruchbach
F. Langenberg
WÖRTH
Landeshafen-Wörth
Ölraffinerien
Bodensee
NEUREUT
Blanken
KIRCHFELD-SIEDLUNG
WALD-STADT
103
KNIELINGEN
Alb
135
Heilbach
Bienwald
BÜCHELBERG
152
Wiebelsbach
119
126
Maximiliansau
(105)
MAXAU
Tulla-Denkm.
Hagenbach
MÜHLBURG
Rheinhafen
KARLSRUHE
(116)
Mausol
RINTHM
St. Stephan
Zoo
104
Rhein
Rheinstrandbad Rappenwörth
DAX-LANDEN
GRÜNWINKEL
OBER-REUT
BULACH
Neuburg
Scheibenhardt
Berg
Neulauterburg
Lauter
129
Scheibenhard
LAUTERBOURG
(110)
Neewiller-près-Lauterbourg
178
109
111
Forchheim
Rheinstetten
Neuburgweier
Mörsch
Au am Rhein
Neuforchheim
Scheibenhardt
RÜPPURR
116
WEIHERFD
DAMMERSTOCK
GARTENSTADT
117

folgend, gelangt man in südlicher Richtung auf der ruhigen Straße durch einen sehr beschaulichen Teil des Bienwaldes nach *Scheibenhardt* (5 km) am deutsch-französischen Grenzfluß Lauter. Hier links abbiegen, an Spargel- und Tabakfeldern vorbei im »Tal« der Lauter und über die Brücke der B 9a nach *Neulauterburg* (3 km). Am Zollhaus vorbei geht die Fahrt auf der Straße nach *Berg* (2 km) weiter. Von dort in östlicher Richtung zunächst über die Eisenbahnlinie Wörth – Lauterburg – Straßburg und auf der Straße (oder abgekürzt auf dem Dammweg) nach *Neuburg am Rhein* (5 km). Am östlichen Ortsrand fährt man auf dem Dammweg am Altrhein mit seinem Auwald entlang und weiter, dem Rheinhauptdamm mit seinem Radwanderweg folgend, rheinabwärts in nördlicher Richtung bis nach *Maximiliansau* (8 km), wobei der letzte Kilometer direkt am Rhein entlang verläuft. Der Ortsteil Maximiliansau ist mit Wörth durch den Radweg der B 10 verbunden. (Von Maximiliansau über die Brücke Anschluß nach Karlsruhe.)

40 Kandel – Bienwaldhütte – Hardt-Mühle – Büchelberg – Scheibenhardt – Schaidt – Freckenfeld – Minfeld – Kandel

Schwierigkeitsstufe I.
Tourenlänge 35 km. **Fahrzeit** 3 Stunden.
Höhenunterschiede Keine.
Karten 1:50000 L 6914 Landau in der Pfalz, L 7114 Rastatt, Wandern und Radwandern in der Südpfalz; 1:200000 Generalkarte Blatt 18.
Wissenswertes Die »Bienwaldstadt« *Kandel* besitzt eine Reihe von sehr schönen alten Fachwerkhäusern, vorwiegend an der vier Kilometer langen Ortsdurchfahrt. – *Büchelberg* (wie Tour 39). – *Schaidt.* Zahlreiche Fachwerkhäuser beleben das Ortsbild. Pfarrkirche mit spätgotischem Turm und Chor. – *Freckenfeld,* Straßendorf, spätgotische Kirche mit Rokoko-Kanzel. »Dampfnudeltor«. – *Minfeld,* gotische Kirche mit bemerkenswerten Fresken an den Wänden und im Chorgewölbe aus dem 14. Jahrhundert. – *Bienwald* (wie Tour 39).

Tourenbeschreibung Die Fahrt beginnt in der Jahnstraße in *Kandel* und führt zunächst in westlicher Richtung am »Grenzlandstadion« vorbei den »Dörniggraben« entlang. Am Ende des

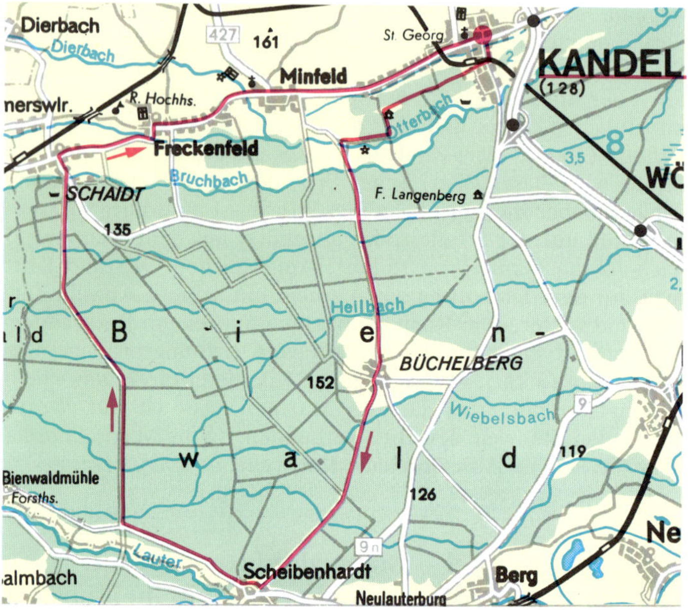

Weges links in den Bienwald einbiegen zur *Bienwaldhütte* (3 km) mit einem Kinderspielplatz. Dort rechts abbiegen zur *Hardt-Mühle* (1 km), die am langsam dahinfließenden Mühlbach in einem schönen Wiesengelände liegt. Jetzt in südlicher Richtung auf der kaum befahrenen Straße Minfeld – Büchelberg geradeaus durch den Bienwald nach *Büchelberg* (5 km) und weiter durch die Rodungssiedlung nach Süden bis nach *Scheibenhardt* (5 km). Von hier aus rechts abbiegen auf die Straße Richtung »Bienwaldmühle«. Man folgt dieser Straße bis zum Wegweiser »Schaidt« (nach etwa 2,5 km), um dann diesem Wegweiser nach in nördlicher Richtung durch den Bienwald zu fahren. Man kommt an dem sehr schön gelegenen ruhigen Rastplatz »Weißes Kreuz« vorbei, wo der Bienwald-Wanderweg kreuzt, und schließlich erreicht man am nördlichen Ende des Bienwaldes den Ort *Schaidt* (12 km). Von hier aus rechts durch die Hauptstraße gelangt man auf dem Radweg nach *Freckenfeld* (2 km) und nach *Minfeld* (1 km). Weiter in östlicher Richtung, mit Blick rechts zum Bienwald und geradeaus auf den Kirchturm von Kandel, erreicht man diesen langgezogenen Ort auf dem Radweg. Jetzt sind noch 2,5 Kilometer bis zur Stadtmitte von *Kandel* (4 km) zurückzulegen.

41 Landau in der Pfalz – Nußdorf – Walsheim – Roschbach – Hainfeld – Rhodt – Weyher – Ramberg – Albersweiler – Godramstein – Landau

Schwierigkeitsstufe II.
Tourenlänge 35 km.
Fahrzeit 3–4 Stunden.
Höhenunterschiede 50 Meter auf 2 Kilometer von Landau Richtung Nußdorf; 60 Meter auf 2 Kilometer von Rhodt nach Weyher; 130 Meter auf 2,5 Kilometer vom Modenbachtal bis zu den »Drei Buchen«.
Karten 1:50000 Wandern und Radwandern in der Südpfalz; 1:200000 Generalkarte Blatt 18.
Wissenswertes *Landau in der Pfalz.* Seit 1274 Stadt, wurde das oft zerstörte Landau in der Zeit des französischen Königs Louis XIV. von seinem Baumeister Vauban »zur stärksten Festung der Christenwelt« ausgebaut. Von 1714 bis 1815 ist Landau französisch. Die Festungsanlagen wurden (bis auf einige Reste im »Fort«) geschleift und an deren Stelle große Parkanlagen erstellt, die Landau den Beinamen »Gartenstadt« einbrachten. Gotische Stiftskirche »Zu Unserer Lieben Frau« und das ehemalige Augustinerkloster mit Kreuzgang. Heute kultureller Mittelpunkt der Südpfalz. Erziehungswissenschaftliche Hochschule, Zoo. – *Walsheim,* Fachwerkhäuser. – *Roschbach,* Fachwerkhäuser. – *Hainfeld,* Winzerdorf mit Fachwerkhäusern und schönen Torbogen und barocken Madonnen- und Heiligenfiguren. Gotisch-barocke Kirche. – *Rhodt* (wie Tour 34). – *Weyher* 777 erstmals in einer Schenkung an das Kloster Lorsch erwähnt ist ein hoch am Rande des Waldes gelegenes Winzerdorf. Rathaus mit Renaissancetreppenturm. Katholische Kirche St. Peter und Paul, gotisch-reanaissance-barock. – *Ramberg* unterhalb der Ruine Ramburg. Fachwerkhäuser. – *Dernbach,* Kirche gotisch mit Wandmalereien aus der Zeit um 1300. – *Albersweiler,* Fachwerkhäuser. Kanal, von Vauban angelegt zum Bau der Festung Landau. – *Siebeldingen,* alte Fachwerkhäuser. – *Godramstein,* bereits zur Römerzeit besiedelt (Funde). 766 im Lorscher Codex erwähnt. Romanisch-gotische Kirche mit Barockorgel.

Tourenbeschreibung Im Norden von *Landau* Straße Richtung Nußdorf, vorbei an den nickenden Erdölförderanlagen auf dem Radweg bis zum Hohlweg vor Nußdorf. Vor diesem Hohlweg geradeaus durch den asphaltierten Weinbergweg östlich von *Nußdorf* (3 km) zur Straße Nußdorf – Walsheim und auf dieser

St. Martin
EDENKOBEN
Kirrweiler (Pfalz)
Altdorf
Venningen
Groß-fischlingen
Klein-
Böbing
Edesheim
Rhodt unt. Rietbg.
Hainfeld
Weyher i.d.Pf.
Ludwigshöhe
Ludwigsturm
Burrweiler
Flemlingen
Roschbach
Gleiswlr.
St. Stephan
Böchingen
Walsheim
Knöringen
Essingen
Niederhochstadt
Oberhochstadt
Hochstadt
Hainbach
Bornheim
Bf.Hochstadt
Dreihof
DAMMHM.
ADAC
LANDAU in i.d.Pfalz
QUEICHHEIM
Offenbach
Ottersheim
Fuchsmühle
Queich
MÖRLHEIM
St. Paulus-Stift
U. L. Frau
Klosterk.
Bismarck-T.
GODRAMSTN.
NUSSDORF
Siebeldingen
Geilweilerhof
St. Johann
Albersweiler
Frankwlr.
Dernbach
Orensberg 581
Ringwall
Kurhs.
Teufelsberg 599
St. Anna
Buschmühle
Roßberg
R. Scharfeneck
R. Ramburg 637
Ramberg
Harzofenberg
556
R. Modenbach
Modenbach
Kesselberg
663
R. Frankenfelsen
Pfaffenkopf
566
Schänzel-T.
614
Forsths. Heldenstein
R. Kropsburg
Friedens-Dkm.
350
Hilschwasser
R. Rietburg
609
Erlenkopf
553
Forsths. Taubensuhl
525
Großeck
534
545
Döreneck
514
Fisch-B. 530
241
Wellbach
48
Almersberg
564
Eußerthal
Forellenzucht 201
Sanatorium Eußerthal
Hl. Dreifk.
St. Bernhard
387
Vogelstockerhof
531
Kehren
GRÄFENHAUSEN
422
Queich
10
Rinnthal
569
Gr.Adelberg
437
SARNSTALL
Rindsberg
(183)
ANNWEILER a. Trifels
BINDERSBACH
Höllenberg
455
Kaiser-M.
Wernersberg
Lug
Asselstn.
577
Rehberg
R. Schafstall
524
R. Scharfenberg
Leinswlr.
R. Anebos
Hohenberg
556
QUEICHHAMBACH
Birkweiler
R. Neukastell
Slevogthof
Ranschb.
257
ARZHEIM
Ilbeshm.
163
148
161
150
121
123
250
St. Georg
St. Peter u. Paul
38
272

Straße weiter in nördlicher Richtung zum östlichen Ortseingang von *Walsheim* (2 km). Straße Böchingen – Walsheim überqueren und geradeaus durch die Weinberge – leicht ansteigend – auf ruhigen Wegen nach *Roschbach* (1 km), das wie Walsheim in einem Tälchen liegt. In Roschbach links zur Straße in Richtung Hainfeld. Wieder durch Weinberge gelangt man nach *Hainfeld* (2 km) und weiter in nördlicher Richtung auf ruhiger Straße nach *Rhodt* (2 km). In Rhodt links ab und durch die Weinberge – ansteigend – in westlicher Richtung mit Blick auf die Berge des Pfälzer Waldes nach *Weyher* (2 km). Von diesem Ort aus hat man einen sehr schönen Ausblick auf die Weinstraße, die Rheinebene und bei günstigem Wetter bis zum Schwarzwald und Odenwald. Nach Weyher in westlicher Richtung abwärts in das Modenbachtal zu Füßen des Teufelsberges mit der »Annakapelle«, unterhalb die »Buschmühle« bis zur Vereinigung mit der Straße aus Richtung Burrweiler. Vom Modenbachtal (sonntags viel Autoverkehr) links aufwärts Richtung Ramberg bis zu dem Wanderparkplatz *»Drei Buchen«* (Höhe 403 m, 6 km), in dessen Nähe auf guten Wanderwegen die Burgruinen »Meisterseel« (nördlich) und »Scharfeneck« (südlich) in diesem erholsamen Teil des Pfälzer Waldes zu erreichen sind. Von den »Drei Buchen« Abfahrt auf kurviger Straße nach *Ramberg* (3 km) mit Blick auf die Ramburg (444 m).

Weiter talabwärts durch das Dernbachtal nach *Dernbach* (1 km) und durch den Talgrund in das Queichtal nach *Albersweiler* (5 km). In Albersweiler Ortsmitte links in die Queichstraße einbiegen und auf dem betonierten Landwirtschaftsweg links der Queich unterhalb der Rebzuchtstation nach *Siebeldingen* (2 km). In Siebeldingen nicht auf die Bundesstraße B 10 fahren, sondern parallel dazu links den asphaltierten Weg durch die Weinberge fahren nach *Godramstein* (2 km). Beim Ortseingang von Godramstein die Straße links benutzen, die im Bogen zum Ortsmittelpunkt und zur Kirche führt. Für kurze Zeit auf der B 272 bis rechts zur Straße »In den Ostergärten«, die sich dann in einem mehr oder weniger guten Feldweg fortsetzt, der zur Unterführung der Umgehungsstraße Landau-West führt. Durch die Unterführung hindurch, dann rechts bis zur Queich, die hier sehr geruhsam durch die Queichwiesen fließt und entlang der Queich auf einem etwas holprigen (ausbaubedürftigen) Uferweg. Kurz vor Landau über eine Brücke auf die andere Queichseite und durch die Gärten nach *Landau* (3 km), das man beim Stadion erreicht. (Es ist auch möglich, von Godramstein aus entlang der B 272 auf dem begleitenden Radweg nach Landau zu fahren, das man im Norden erreicht.)

42 Landau in der Pfalz – Arzheim – Ilbesheim – Leinsweiler – Eschbach – Klingenmünster – Klingen – Ingenheim – Rohrbach – Herxheim bei Landau – Offenbach (Queich) – Queichheim – Landau

Schwierigkeitsstufe I/II.
Tourenlänge 40 Kilometer.
Fahrzeit 3–4 Stunden.
Höhenunterschiede Kleinere Steigungen von etwa 30 Meter auf 1 bis 2 Kilometer vor Ilbesheim, Leinsweilerhof, Nervenklinik Landeck, zwischen Herxheim und Offenbach.
Karten 1:50000 L 6914 Landau in der Pfalz, L 6714 Neustadt an der Weinstraße, Wandern und Radwandern in der Südpfalz; 1:200000 Generalkarte Blatt 18.

Landau in der Pfalz, Bismarckturm in den Fortanlagen (Foto: Heinz Wittner)

Wissenswertes *Landau* (wie Tour 41). – *Arzheim* Winzerhäuser mit Torbogen. – *Ilbesheim* am Westhang der Kleinen Kalmit, ein Tertiärkalkhügel mit typischer Kalkflora (Naturschutzgebiet!), dem Gebirgszug des Wasgau vorgelagert. – *Leinsweiler,* bereits 760 in einer Urkunde des Klosters Weißenburg genannt. Renaissance-Rathaus, davor ein schöner Laufbrunnen mit Sandsteintrögen (1581). Oberhalb Ruine Neukastell auf einem Felsen gelegen. In der Nähe der Hof, wo Max Slevogt – begeistert von der Landschaft und den Pfälzern – lebte und malte (Slevogthof). (Zahlreiche Gemälde jetzt in der Villa Ludwigshöhe in der Sammlung Rheinland-Pfalz, vgl. Tour 34.) – *Eschbach,* unterhalb der Madenburg gelegen, alte Winzerhäuser. – *Klingenmünster,* unterhalb der Ruine Landeck im Klingbachtal. Ehemaliges Benediktinerkloster aus dem Jahre 780, Teile der Klosterkirche romanisch. Winzerhäuser. In Klingenmünster wurde 1828 August Becker geboren, der neben mehreren Heimatromanen das heimatkundliche Standardwerk »Die Pfalz und die Pfälzer« (1857) schrieb. – *Billigheim.* Reste der Stadtbefestigung (Obertor von 1468). Kirche romanisch-gotisch (mit Wandmalereien des 14. Jahrhunderts im Chor). Seit 1450 der »Purzelmarkt«. – *Herxheim bei Landau,* größte Landgemeinde in der Südpfalz mit schönen Fachwerkbauten und barocker Kirche. Spielbrunnen. – *Queichheim,* Schule und Werkstätten für Behinderte als Musteranstalt.

Tourenbeschreibung Vom Westbahnhof in *Landau* in westlicher Richtung auf dem Radweg der B 10 entlang zum Ortsteil Wollmesheimer Höhe. Dort dem Wegweiser »Arzheim« folgend, leicht ansteigend, nach *Arzheim* (3 km). Durch den Ort unterhalb der Kleinen Kalmit nach *Ilbesheim* (2 km) durch den Dorfmittelpunkt, dann zur Straße Richtung Leinsweiler mit Blick auf die harmonisch gestalteten Berge des Pfälzer Waldes und des Wasgaus nach *Leinsweiler* (3 km). Am Brunnen in der Ortsmitte links abbiegen und – leicht ansteigend – in südlicher Richtung zum *Leinsweilerhof* 1 km) und von dort abwärts nach *Eschbach* (2 km). Am südlichen Ortsausgang zur Umgehungsstraße und auf den Radweg, der links der Straße läuft, unterhalb der Madenburg zum Kaiserbach hinunter, der auf einer Brücke überquert wird. Gleich danach unter der B 48 hindurch und in die Baumallee, die – leicht ansteigend – geradewegs in die *Pfalzklinik Landeck* (3 km) führt (Durchfahrt gestattet). Von hier weiter nach Süden unterhalb der Ruine Landeck durch die Weinberge abwärts nach *Klingenmünster* (1 km). Im Ortsmittelpunkt links nach Osten hin abbiegen und an dem August-Bekker-Denkmal und der ehemaligen Klosterkirche vorbei zum öst-

Albersweiler
St. Johann
Geilweilerhof
Siebel-dingen
NUSSDORF
GODRAMSTN.
QUEICHHAMBACH
Hohenberg
556
Birk-weiler
163
Bismarck-T.
Klosterk.
ARZHEIM
Ranschb.
257
R. Anebos
R. Neukastell
R. Scharfenberg
Leinswlr.
Slevogthof
R. Schafstall
524
Schletterberg
Waldhamb.
Eschbach
238
Ilbeshm.
WOLLMESHM.
MÖRZHEIM
R. Madenburg
Göcklingen
216
Lochberg
190
504
R. Schlößl
191
Heuchelheim-
Appenhfn.
Klingenmünster
Burg Landeck
Klosterk.
161
Klingen
-Ingenhm.
Gleiszellen-
St. Dionysus
189
Horbach
Roter B.
176
Simon u. Judas
(168)
Niederhorb.
BAD BERGZABERN
Bornheim
DAMMHM.
Dreihof
ADAC
LANDAU
QUEICHHEIM
in i.d.Pfalz
U. L. Frau
(188)
St. Paulus-Stift
MORLHEIM
Impflingen
Insheim
159
Billigheim-
St. Martin
Mühlhofen
Rohrbach
126
Steinweiler
Bf. Hochstadt
Queich
Fuchsmühle
Offenbach
Ottersheim
123
Knittelsheim
Kahlenberg
148
162
Alzheimer B.
St. Paulus-Stift
Herxheimweyher
(120)
Herxheim
Klingbach
12
Hayna
124
Erlenbach
Hatzenbühl
65
119
Sollach
GER
Bellheim
129
Rülzheim
127
(112)
Rheinzabern
272
38
48
9

lichen Ortsausgang. Nach etwa 1 Kilometer biegt man von der Klingbachbrücke auf die kleine Straße nach *Klingen* (3 km) ab. Weiter durch das Klingbachtal nach *Ingenheim* (2 km) bis zum Ortsanfang von *Mühlhofen* (1 km). Dort links abbiegen und über die Brücke des Klingbaches zum Obertor von *Billigheim* (1 km). Durch dieses Tor gelangt man in das Zentrum des Ortes mit seiner sehenswerten Kirche. Von Billigheim weiter in östlicher Richtung auf dem Radweg nach *Rohrbach* (2 km) und in gleicher Richtung auf dem Radweg über die Bahnlinie und über die Autobahn nach *Herxheim* (6 km). In der Ortsmitte von Herxheim links abbiegen und auf der leicht ansteigenden Straße durch das weite Ackerland nach *Offenbach* (6 km, zwei Drittel der Straße ist mit einem Radweg versehen). In Offenbach links Hauptstraße mit Radweg nach *Queichheim* (2 km). Am Ortseingang rechts zur Brücke und dann gleich links auf einem sehr schön ausgebauten Rad- und Wanderweg entlang der baumbestandenen Queich und weiter am Queichufer in östlicher Richtung wieder zurück durch die Straßen der Horst-Siedlung und

Landau, Winzerhaus mit den für die Vorderpfalz typischen Hausreben im Landauer Stadtteil Mörzheim (Foto: Heinz Wittner)

über die Eisenbahnbrücke beim Hauptbahnhof nach *Landau* (2 km). (Man kann auch von Offenbach, Ortsmitte, entlang der Hauptstraße – mit Radweg – direkt über Mörlheim und Queichheim nach Landau fahren, das man beim Bahnhof erreicht.)

43 Bad Bergzabern – Kapsweyer – Steinfeld – Bienwaldmühle – Schaidt – Vollmersweiler – Dierbach – Bad Bergzabern

Schwierigkeitsstufe I/II.
Tourenlänge 40 km.
Fahrzeit 4 Stunden.
Höhenunterschiede 40 Meter auf 1 Kilometer in Bad Bergzabern in Richtung Steinfeld; je 30 Meter auf etwa 1 Kilometer durch die Flachtäler vor Steinfeld; 40 Meter auf 2 Kilometer nach Vollmersweiler; 50 Meter auf 1 Kilometer hinter Dierbach.
Karten 1:50000 L 6914 Landau in der Pfalz, L 7114 Rastatt, Wandern und Radwandern in der Südpfalz; 1:200000 Generalkarte Blatt 18.
Wissenswertes *Bad Bergzabern,* das heutige moderne Staatsbad im heilklimatischen Kurort mit Kneipp-Bad besitzt einen gut erhaltenen Altstadtkern mit zahlreichen Renaissance-Häusern (Gasthaus »Zum Engel«). Renaissance-Barock-Schloß, gotische St.-Martins-Kirche mit Barockorgel. 1525 wurde hier der berühmte Arzt und Botaniker Jakob Theodor (Tabernaemontanus) geboren. 1896 begutachtete Pfarrer Sebastian Kneipp hier die Wasseranwendungen. – *Steinfeld,* Kirche Rokoko mit spätromanischem Turm. Fachwerkhäuser. – *Bienwaldmühle,* beliebter Ausflugsort, historische Mühle an der Lauter (deutsch-französische Grenze). – *Schaidt* (wie Tour 40). – *Dierbach,* Fachwerkhäuser. – *Bienwald,* (wie Tour 39).

Tourenbeschreibung Von der Ortsmitte von *Bad Bergzabern* in westlicher Richtung bis zum Schulzentrum, dort rechts in die Straße Richtung Steinfeld einbiegen – ansteigend – bis zur Höhe und dann weiter durch das Dierbachtal zur nächsten Höhe, dort, bei dem SOS-Telefon nach 300 Metern rechts auf einen Wirtschaftsweg abbiegen, der durch einen Hohlweg in das Otterbachtal führt (Modellflugzeugplatz). Im Tal links, dann dem asphaltierten ruhigen Weg folgend, rechts über die Brücke des Otterbachs und hinauf auf den Gähberg mit Weinbergen. Durch

Nußbaumallee hinunter, über die Umgehungsstraße (Vorsicht!) in die Schafgasse, dann links in die Hauptstraße von *Kapsweyer* (8 km) und weiter nach *Steinfeld* (2 km). Dort vor der Kirche rechts weiter durch das Wiesen- und Bruchbachgelände in den ebenen Bienwald mit seinen ausgedehnten und erholsamen Waldungen zur *Bienwaldmühle* (7 km). Von hier auf Ostkurs am Forsthaus »Salmbacher Passage« vorbei bis zum Straßenrichtungsschild »Schaidt«. Hier links dem Schild folgen durch den Bienwald zum Rastplatz »Weißes Kreuz«, wo der Bienwald-Wanderweg kreuzt. Weiter in nördlicher Richtung zum Waldrand und beim Sportplatz über die Wiesen nach

Schaidt (10 km). Von Schaidt geht es wieder geradeaus durch einen Hohlweg in das wellige Acker- und Weinrebenland über *Vollmersweiler* (1 km) nach *Dierbach* (2 km). In Dierbach nach der großen Kurve geradeaus durch die »Langehohl« zur Höhe, dort links, und auf gleicher Ebene sehr angenehme Fahrt in westlicher Richtung mit Blick auf die gerundeten Berge des Wasgaus. Zwei Straßen werden überquert bis zur Straße Steinfeld – Bergzabern. Rechts abbiegen und auf dieser Straße (wie zu Beginn der Fahrt) zurück nach *Bad Bergzabern* (6 km).

Bad Bergzabern, das herzogliche Schloß (Foto: Heinz Wittner)

44 Bad Bergzabern – Birkenhördt – Vorderweidenthal – Erlenbach – Niederschlettenbach – Bobenthal – St. Germanshof – Reisdorf – Bad Bergzabern

Schwierigkeitsstufe II.
Tourenlänge 34 Kilometer. **Fahrzeit** 3½–4 Stunden.
Höhenunterschiede 120 Meter auf 3,5 Kilometer vor und nach Birkenhördt in Richtung Vorderweidenthal; 150 Meter auf 4 Kilometer vom Wieslautertal bei St. Germanshof durch das Reisbachtal bis zum Sattel zwischen Reisdorf und Böllenborn.
Karten 1:50000 L 6912 Bad Bergzabern, Wandern und Radwandern in der Südpfalz; 1:200000 Generalkarte Blatt 18.
Wissenswertes *Bad Bergzabern* (wie Nr. 43). – *Birkenhördt,* Fachwerkhäuser. – *Vorderweidenthal,* Fachwerkhäuser. Felsenlandschaft. – *Erlenbach,* hübsche Fachwerkhäuser, barocke Kirche, liegt unterhalb der Burg Berwartstein. – *Bobenthal,* ehemals Silbergruben (bis 1903), Fachwerkhäuser. – *St. Germanshof,* ehemalige Wasserburg und Propstei von Kloster Weißenburg, Grenzübergang nach Frankreich.

Tourenbeschreibung Vom Kurbad und Kurpark mit schönen Anlagen und einem großen Weiher zunächst in östlicher Richtung im Erlenbachtal in die Berge des Wasgaus auf der stärker befahrenen B 427 nach *Birkenhördt* (5 km). Hinter dem Ort auf die ruhige Straße – ansteigend – in mehreren Kurven, an der Abzweigung nach der Felsen-Burgruine »Lindelbrunn« vorbei (Abstecher!). Abfahrt nach *Vorderweidenthal* (4 km) in das Tal, das ebenfalls Erlenbachtal heißt. Über *Sägmühle* (1 km) und nach Überquerung der B 427 (Vorsicht!) nach *Erlenbach b. Dahn* (1 km) unterhalb des »Berwartstein«, zu dem eine Straße führt (50 m Höhenunterschied) und dessen Besuch lohnenswert ist.

Weiter durch das anmutige Tal des Erlenbachs, das bei *Niederschlettenbach* (3 km) in das Tal der Wieslauter einmündet. Durch dieses Tal abwärts nach *Bobenthal* (2 km) und dann weiter in sanften Kurven eng zwischen den vorwiegend mit südländisch anmutenden Kiefernwäldern bewachsenen Buntsandsteinbergen hindurch bis kurz vor *St. Germanshof* (4 km), um dann links in das Reisbachtal einzubiegen. Durch dieses liebliche Tal – leicht ansteigend – zu dem ruhig gelegenen Weiler *Reisdorf* (6 km), wo die schmale, aber gut ausgebaute Straße einen scharfen Knick – bergauf – nach Osten nimmt. Über den Sattel zwischen dem »Großen Eichelberg« und der »Hohen Derst« Ab-

Klingenmünster
Burg Landeck
Klosterk.
Klingen
-Ingenhm.
Appenhfn.
Horbach
Roter B.
176
Gleiszellen-
St. Dionysus
BLANKENBORN
-Gleishorbach
Pleisweiler-Oberhfn.
St. Simon u. Judas
(168)
Niederhorb.
BAD BERGZABERN
Oberhsn.
Kapellen-
Drusweiler
Hergerswl
Kaplaneihof
Deutschhof
Dierbach
197
Zuckerberg
Oberotterbach
Otterbach
Niederotterbach
Vollmerswlr.
Haftelhof
Kleinsteinfeld
Steinfeld
Kapsweyer
Schweigen-
Schweighofen
Windhof
Altenstadt
Unterer
WISSEMBOURG
506
Schl. Vogelsbg.
Weiler
St. Germanshof
163
Schl. St. Paul
Kurhs.
-Rechtenbach
206
Oberer
Mundat-
Wald
Hohe Derst
R. Guttenberg
504
Hoher Kopf
497
Dörrenbach
481
561
Reisdorf
Böllenborn
Kahlenberg
406
472
361
315
205
427
Birkenhördt
Lauterschwan
423
Abtskopf
487
Wildpark Südliche Weinstraße
R. Lingelbrunn
443
428
Vorderweidenthal
Schloß Berwartstein
Seehof
471
Hirzeck
Bobenthaler Knopf
534
R. Klein-frankreich
St.-Anna-Kp.
372
Nieder-schlettenb.
Bobenthal
Alschberg
430
Erlenbach
St. Gertraut Kp.
R. Drachenfels
368
491
Jüngst-B.
Busenbg.
Löffelsberg
445
Schindhard
BACH
Rauhbg.-H.
199
357
Reinigshof
514
Gr. Eyberg
Bruchweiler-
-Bärenbach
Wieslautern
Bundenthal
Lauter
186
Rumbach
454
Rumberg
Gr. Humberg
456
Nothweiler
494
Kuhnen-K.
531
Adelsberg
451
572
R. Wegelnburg
Kappelstein
337
R. Hohenbourg
Ruine Löwenbourg
Col de Litschhof
Gimbelhof
Ruine Fleckenstein
Hirschthal
Ruine Froensbourg
520
Dürrenberg
480
Petit Wingen
Wingen
200

fahrt nach *Böllenborn* (3 km) und weiter auf ruhiger Waldstraße in einem kleinen Tälchen nach *Bad Bergzabern* (5 km), das man wieder beim Kurpark erreicht.

45 Dahn – Salzwoog – Saarbacherhammer – Ludwigswinkel – Petersbächel – Schönau – Rumbach – Bundenthal – Bruchweiler – Dahn

Schwierigkeitsstufe II.
Tourenlänge 42 km.
Fahrzeit 4–5 Stunden.
Höhenunterschiede 40 Meter auf 1,5 Kilometer zwischen Lauter- und Salzbachtal Richtung Salzwoog; 160 Meter verteilt auf 4 Kilometer vom Salzbachtal bei Salzwoog bis zur »Roten Hohl«; 20 Meter auf je 1 Kilometer vor und hinter Petersbächel; 50 Meter auf 2 Kilometer zwischen Saarbachtal (Schönau) und Rumbachtal (Rumbach).
Karten 1:50000 L 6912 Bad Bergzabern; 1:200000 Generalkarte Blatt 18.
Wissenswertes *Dahn* im »Dahner Felsenland«, Luftkurort inmitten des Wasgaus mit seinen Buntsandsteinfelsen und herrlichen Kiefernwäldern. Die Geschichte von Dahn ist eng verbunden mit seinen Burgen »Altdahn«, »Grafendahn« und »Tanstein«. Fachwerkhäuser 16.–19. Jahrhundert. Laurentiuskirche barocke Ausstattung. (Felsen: Jungfernsprung, Galgenfelsen usw.) – *Salzwoog,* Fachwerkhäuser. – *Ludwigswinkel,* 1784 ließ der in Pirmasens residierende Landgraf Ludwig IX. von Hessen-Darmstadt die Kolonie Ludwigswinkel anlegen. – *Petersbächel,* unweit der französischen Grenze in einer herrlichen Felsenlandschaft gelegen, in der Nähe markante Felsenburgen (Maimont, Blumenstein, Wasigenstein u.a.). – *Schönau,* früher Eisenerzvorkommen. Gußeiserne Brunnen 1842 und 1880. Schöne Fachwerkhäuser. – *Rumbach,* die Christuskirche, ehemalige Wallfahrtskirche St. Gangolf, geht in die Zeit um 1000 zurück, Wandmalereien (14. Jahrhundert) mit Darstellungen von Passionsszenen, Propheten, Aposteln und Vögeln. – *Bundenthal,* Eisenbahnmuseum.

Tourenbeschreibung Von *Dahn* auf schmalem Wege links der Lauter, der speziell als Radwanderweg ausgewiesen ist, unter-

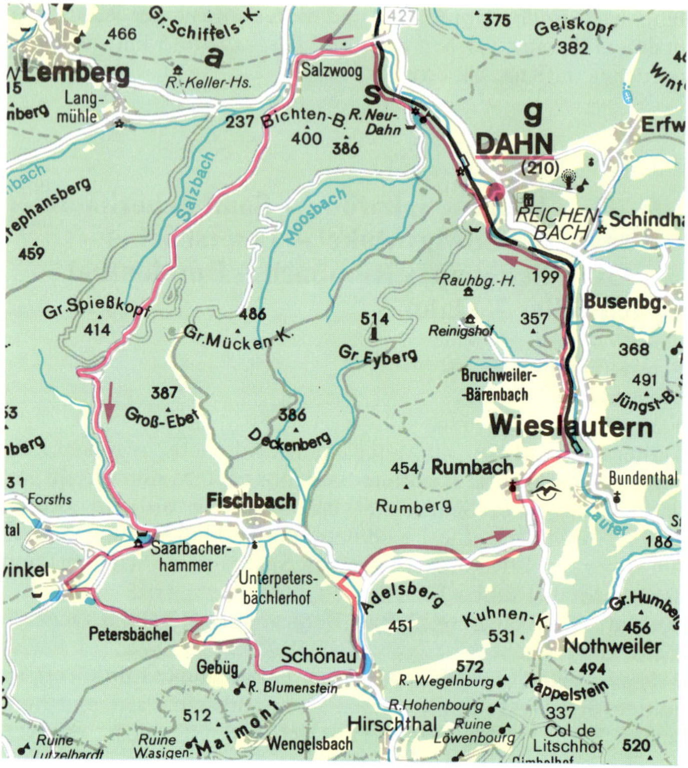

halb der Burgruine »Neudahn« zum »Neudahner Weiher« und weiter bis zur Straße links – leicht ansteigend – nach *Salzwoog* (7 km). Am Ortsausgang rechts des Salzbachs in ein Tälchen einbiegen und der Straße – ansteigend – in Richtung Fischbach folgen. Diese Straße, die »Gienanthstraße«, diente einst als Erzstraße zum Transport von Eisenerzen nach Schönau, wo das Erz verhüttet wurde, und dem Eisenwarenverkehr. Durch herrliche Wälder führt die Straße entlang der Bergrücken, mitunter an Felspartien und schönen Aussichten vorbei, bis man mit der »Roten Hohl« den höchsten Punkt (368 m) der Straße erreicht. In einer weitgezogenen Serpentine beginnt die Abfahrt in das Faunertal, an dessen Ende man die Niederungen, Wiesen und Weiher des Saarbachtales erreicht. Zunächst kurz in Richtung Fischbach, dann rechts zum Mühlweiher, auf einem Radweg zum Seeterrassenrestaurant *»Saarbacherhammer«* (3 km, Bes. Fam. Lambert) und sehr schönen Blick auf den Weiher und die

Wasgauberge. Weiter auf dem bequemen Radweg nach *Ludwigswinkel* (2 km). Von Ludwigswinkel über die »Neue Straße« und durch den Wald nach dem idyllisch gelegenen *Petersbächel* (2 km) und weiter durch Wald und Tal nach *Schönau* (3 km). In Schönau links durch den breiten Wiesengrund (Radweg nach Rumbach, Dahn) und vorbei an den bizarren Felspartien des »Großen Adelsberges«, dann rechts in ein Seitental und über eine kleine Anhöhe nach *Rumbach* (7 km). Von Rumbach in das Lautertal nach *Bundenthal* (2 km) und in nördlicher Richtung talaufwärts entlang des vorzüglichen Radweges (grünes Schild) durch *Bruchweiler* (2 km) bis zum Ausgangsort *Dahn* (4 km).

46 Fischbach b. Dahn – Ludwigswinkel – Bremendehlerhof/Bremen-Telle-Ferme (Elsaß) – Obersteinbach (Elsaß) – Ruine Fleckenstein (Elsaß) – Col du Litschhof (Elsaß) – Nothweiler – Bundenthal – Rumbach – Fischbach b. Dahn

Schwierigkeitsstufe I/II.
Tourenlänge 46 km (Abkürzung: Fleckensteiner Weiher – Grenze – Hirschthal – Schönau 27 km).
Fahrzeit 5 Stunden (2½ Stunden).
Höhenunterschiede 30 Meter auf 1 Kilometer vor dem Bremendehlerhof; 100 Meter auf 1,5 Kilometer vom Sauertal zur Ruine Fleckenstein; 50 Meter auf 1 Kilometer vor dem Gimbelhof; 50 Meter auf 1,5 Kilometer nach Rumbach.
Karten 1:50000 L 6912 Bad Bergzabern; 1:200000 Generalkarte Blatt 18.
Wissenswertes *Fischbach b. Dahn,* spätbarocke Kirche, Fachwerkhäuser. – *Ludwigswinkel* (wie Nr. 45). – *Obersteinbach (Elsaß),* malerisches Dorfbild mit Fachwerkhäusern und Sandsteinbrunnen. Ausgangspunkt für Wanderungen zu umliegenden mittelalterlichen Burgen (Ruinen) auf Sandsteinfelsen: Wasigenstein, Lützelhardt, Arnsburg, Schöneck, Wineck, bekannt durch mittelalterliche Ritterepen. – *Niedersteinbach (Elsaß),* malerisches Ortsbild. – *Fleckenstein,* Burgruine, im 12. Jahrhundert staufische Reichsburg, auf einem gewaltigen Sandsteinfelsen (50 m lang, 8 m breit, 40 m hoch) mit in den Felsen gehauenen Höhlen und Gängen. Auf dem Plateau die Überreste der dreistöckigen Burganlage. Die Burg war später im Besitz der Her-

ren von Fleckenstein, 1680 wurde sie von den Franzosen zerstört. – *Nothweiler,* anmutiges Dorfbild mit Fachwerkhäusern, Ausgangspunkt zu Wanderungen auf die Buntsandsteinfelsenburgen Wegelnburg (572 m hoch gelegen), Hohenburg, Löwenstein und Fleckenstein. – *Bundenthal, Rumbach,* wie Nr. 45. Schönau ist auch Ausgangspunkt zu Wanderungen auf den Maimont (515 m) und zu den Burgfelsen Blumenstein und Fleckenstein.

Bemerkung: Die Fahrt findet im deutsch-französischen (pfälzisch-elsässischen) Grenzgebiet statt. Daher ist ein Personalausweis mitzuführen.

Burgruine Fleckenstein (Foto: Michael Klees)

Tourenbeschreibung Die Radtour durch diese einzigartige Felsen- und Burgenlandschaft des Wasgaus beginnt am westlichen Ortsende von Fischbach. Auf dem Radweg geht es zunächst zum *Saarbacherhammer* (2 km) mit Blick über den See und weiter auf dem schönen Radweg in die ehemalige »Hessenkolonie« *Ludwigswinkel* (2 km). Am Ende der langgezogenen Dorfstraße rechts einbiegen in den Weg, der mit einem blauen Dreieck und der örtlichen Markierung 6 bzw. 5 gekennzeichnet ist. Geradeaus weiter durch den naturgeschützten Wald auf asphaltiertem Weg zur »grünen« Grenze und über einen kleinen »Paß« zum *Bremendehlerhof/Bremen-Telle-Ferme* (4 km). Bald ist die Straße Stürzelbronn – Steinbach erreicht. Dort links in östlicher Richtung einbiegen und auf der wenig befahrenen Straße durch

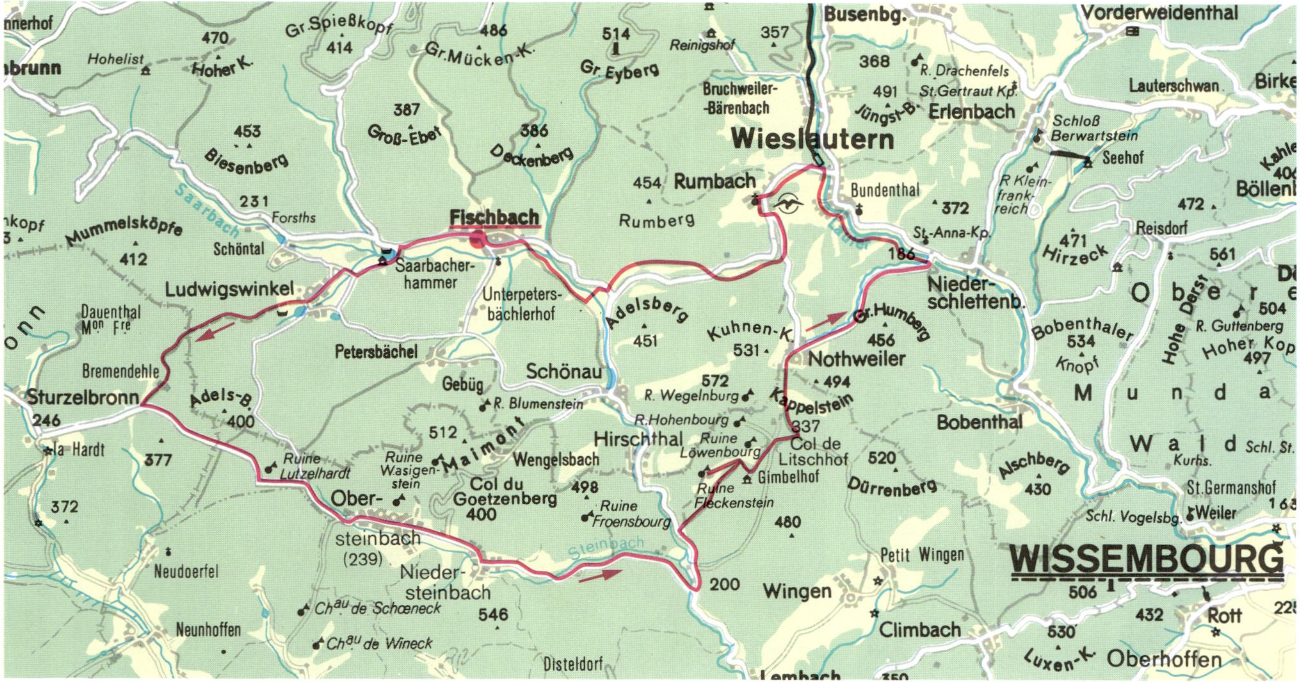

Fischbach
Wieslautern
Busenbg.
Vorderweidenthal
Erlenbach
Rumbach
Schönau
Nothweiler
Nieder-
schlettenb.
Bobenthal
Ludwigswinkel
Sturzelbronn
Saarbacher-
hammer
Petersbächel
Hirschthal
Wengelsbach
Ober-
steinbach
Nieder-
steinbach
Wingen
Climbach
WISSEMBOURG
Oberhoffen
Rott
Reisdorf
Lauterschwan
Bundenthal
Gimbelhof
Col de
Litschhof
Col du
Goetzenberg
Ruine
Fleckenstein
Ruine
Löwenbourg
R. Wegelnburg
R.Hohenbourg
Ruine
Froensbourg
Ruine
Lutzelhardt
Ruine
Wasigen-
stein
R. Blumenstein
Maimont
Adelsberg
Kuhnen-K.
Gr.Humberg
Kappelstein
Dürrenberg
Mummelsköpfe
Biesenberg
Groß-Ebet
Deckenberg
Gr.Mücken-K.
Gr. Eyberg
Gr.Spießkopf
Hoher K.
Rumberg
Bruchweiler-
-Bärenbach
Schloß
Berwartstein
Seehof
Hirzeck
Bobenthaler
Knopf
Ober Mundat Wald
Schönthal
Saarbach
Steinbach
Lauter
Neudoerfel
Neunhoffen
Disteldorf
Petit Wingen
la Hardt
Bremendehle
Dauenthal
Mon Fre
Unterpeters-
bächlerhof
Chau de Schœneck
Chau de Wineck
St.Germanshof
Schl. Vogelsbg.
Weiler
Alschberg
Luxen-K.

den Wald zum *Forsthaus Lützelhardt* (3 km) und weiter im Steinbachtal zunächst nach *Obersteinbach* (1 km), dann *Niedersteinbach* (1 km) bis zum *Fleckensteiner Weiher* (3 km). Dort links in die Straße Richtung Schönau einbiegen. Nach ca. 1 Kilometer rechts in das Seitental des Sauerbaches (geradeaus geht es weiter zur Grenze und nach *Schönau* [4 km]) einbiegen und dem Schild »Château Fleckenstein« bergauf folgen. Nach einer großen Straßenkehre erreicht man den Parkplatz vor der gigantischen Felsenruine *Fleckenstein* (3 km).

Bei der Weiterfahrt muß man einem Wanderweg (rot-weißrote Markierung) folgen, der beim Hofgut Fleckenstein vorbei bis zur Kurve zurückführt. Dort schiebt man am besten das Rad auf dem Waldweg, später ansteigend, zum *Gimbelhof* (2 km). Vom Gimbelhof führt ein Sträßlein zum *Col du Litschhof* (1 km). Geradeaus weiterfahren, nach ca. 400 Metern links auf

Blick von der Wegelnburg auf Nothweiler (Foto: Heinz Wittner)

den Waldwirtschaftsweg abbiegen, der hinunter zur »grünen« Grenze (links oben die Wegelnburg!) nach *Nothweiler* (2 km) führt. Weiter talabwärts durch das romantische Litschbachtal bis zur Brücke im Lautertal, wo wir kurz vor der Brücke links auf den gut markierten Radwanderweg in Richtung *Bundenthal* (6 km) einbiegen. Vor Wieslautern erreicht man die Straße, die links nach *Rumbach* (3 km) zieht. Weiter über einen »Paß« auf ausgeschildertem, landschaftlich sehr schönem Radweg ins Saarbachtal. Weiter geht die Fahrt am Rande des Berghanges zur Linken und des »Königsbruches, einer naturgeschützten Sumpflandschaft, zum Ausgangspunkt *Fischbach* (3 km).

47 Pirmasens – Niedersimten – Vinningen – Kröppen – Eppenbrunn – Glashütte – Lemberg – Pirmasens

Schwierigkeitsstufe III.
Tourenlänge 42 Kilometer.
Fahrzeit 4–5 Stunden.
Höhenunterschiede 130 Meter auf 2 Kilometer von der Schelermühle im Tal der Felsalbe bis nach Vinningen; 50 Meter auf 2 Kilometer zwischen Eppenbrunn und Glashütte; 150 Meter auf 2,5 Kilometer von Langmühle nach Lemberg; 120 Meter auf 3 Kilometer vom Tal der Rodalb hinter Lemberg bis Pirmasens-Mitte.
Karten 1:50000 L 6910 Pirmasens-Süd, L 6912 Bad Bergzabern; 1:200000 Generalkarte Blatt 18.
Wissenswertes *Pirmasens* ist der wirtschaftliche Schwerpunkt der Südwestpfalz und Deutschlands Schuhmetropole, eine auf »Sieben Hügeln« gebaute Stadt. Früher gehörte Pirmasens und Umgebung zunächst zum Pirmin-Kloster Hornbach, dann den Grafen von Zweibrücken, kam dann durch Erbschaft an Hessen-Darmstadt. Landgraf Ludwig IX. von Hessen-Darmstadt gründete hier 1741 eine Garnison, für die er aus allen Teilen seines Herrschaftsgebietes nach preußischem Vorbild »lange Kerls« aussuchte und zum Dienst über viele Jahre in Pirmasens verpflichtete. Nach dem Zerfall der Feudalherrschaft waren die Soldaten und ihre Familien in großer Not. Zu ihrem Lebensunterhalt schneiderten sie aus Filzstoff Pantoffeln und zogen mit diesen zum Verkauf in die Welt (im Volksmund wurden diese Händler »Pirmasenser Schlappeflicker« genannt). Aus dieser

Heimfabrikation entwickelte sich im Laufe der Jahrzehnte die in Deutschland führende Schuhindustrie. – *Eppenbrunn,* früher einsames Wäldlerdorf, heute auf Fremdenverkehr ausgerichteter staatlich anerkannter Erholungsort in reizvoller Umgebung. Südöstlich die »Altschloßfelsen«, eine Felsenkette von 1,2 Kilometern Länge, an denen die einzelnen Sandsteinschichten sehr gut zu studieren sind. – *Lemberg* verdankt seine Entstehung der Burg Löwenberg, die um 1200 gebaut wurde. 1689 wurde die Burg zerstört. Die Ruine ist weiterhin Mittelpunkt des Erholungsortes.

Tourenbeschreibung Von der Stadtmitte *Pirmasens* dem weißen Ortsteilschild »Niedersimten« folgen und Abfahrt auf verkehrsreicher Straße nach *Niedersimten* (3 km). Dort rechts einbiegend durch die Alte Kellerstraße und dann die Littersbacher Straße in das Tal der Felsalbe, die, immer tiefer in die Berge einschneidend, sehr reizvoll sich durch die Landschaft hindurchschlängelt. Auf asphaltiertem Talweg an der *Littersbachermühle* und der *Rehmühle* vorbei bis zur *Schelermühle* (4 km). Dort links, steil in Kurven den Berg hinauf und auf der Höhe in südlicher Richtung nach dem hochgelegenen *Vinningen* (2 km). An der Kirche rechts geradeaus weiter nach dem malerischen »Lutherbrunn« bis nach *Kröppen* (2 km), unweit der französischen Grenze gelegen. Von Kröppen in östlicher Richtung in Kurven Abfahrt in das felsige Tal der Trualbe (daher der Name »Trul-

Pirmasens, Wanderheim Hohe List (Foto: Heinz Wittner)

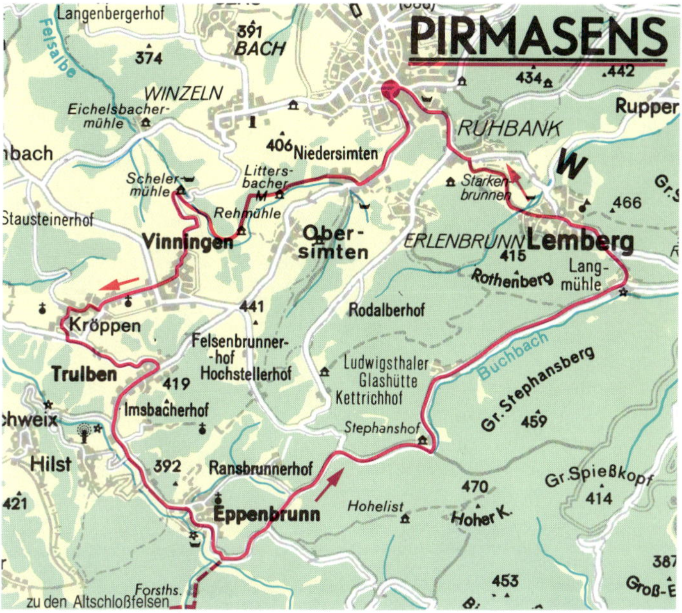

ben«) nach *Trulben* (3 km), das sich eng in das Tal schmiegt. Talabwärts bis zur »Trulber Mühle« und in das Tal des Eppenbrunner Baches, dem man talaufwärts nach *Eppenbrunn* (4 km) folgt. Durch den gepflegten Erholungsort zunächst rechts der Straße Richtung »Fischbach« folgen bis zur Einmündung des Stüdenbaches. Hier lohnt sich ein Abstecher zu Spießweiher und zu den »Altschloßfelsen« (der Markierung »weißes Kreuz« des Pfälzerwald-Vereins folgen, 2,5 km). Weiter die Fahrt durch die schönen Wälder – leicht ansteigend – bis zur Höhe und dann rechts abwärts in Buchbachtal, in dessen Talgrund *Glashütte* (8 km) liegt. In diesem langgestreckten, anmutigen Tal auf ruhiger Straße nach *Langmühle* (4 km). Am Ortseingang links den kurzen aber steilen Berg hinauf zur Straße, die von Salzwoog nach Lemberg führt. Zunächst flach, dann steiler werdend, erreicht man *Lemberg* (3 km). In der Ortsmitte geradeaus weiter in steilerer Abfahrt, mit Radweg, zum Schwimmbad im Tal der Rodalb und in Kurven hinauf nach *Ruhbank* (3 km) und aufwärts zum hochgelegenen *Pirmasens* (3 km).

Eppenbrunn, Altschloßfelsen (Foto: Heinz Wittner)

48 Pirmasens – Winzeln – Gersbach – Windsberg – Walshausen – Riedelberg – Winzeln – Pirmasens

Schwierigkeitsstufe II/III.
Tourenlänge 33 km.
Fahrzeit 3 Stunden.
Höhenunterschiede 150 Meter auf 3 Kilometer vor und nach Riedelberg bis zur Riedelberger Höhe; 110 Meter auf 2,5 Kilometer zwischen Eichelbachermühle und Winzeln.
Karten 1:50000 L 6910 Pirmasens Süd, L 6710 Pirmasens Nord; 1:200000 Generalkarte Blatt 18.
Wissenswertes *Pirmasens* (wie Nr. 47). – *Kirschbachermühle* an der Stelle eines aufgegebenen Dorfes Kirschbach. – *Riedelberg,* »Lothringer Kreuze«.

Tourenbeschreibung Diese Radwanderung führt über ruhige Landstraßen durch Täler und über die weithin sich erstreckenden Ackerhochflächen im deutsch-französischen Grenzbereich.

Von *Pirmasens* in westlicher Richtung auf dem Radweg zum Stadtteil *Winzeln* (3 km). In der Ortsmitte rechts abbiegen nach *Gersbach* (2 km, Radweg), in den Ort einbiegen, dann weiter durch den Wald nach *Windsberg* (3 km). Durch die mit alten Pflastersteinen bestückte Ortsstraße in einer engen Kurve hinunter in ein Seitental der Felsalbe. In westlicher Richtung durch das geruhsame Felsalbtal nach *Walshausen* (4 km) und weiter bis zur *Kirschbachermühle* (3 km), wo die Felsalbe in den Hornbach fließt. Man folgt in südlicher Richtung talaufwärts dem Hornbach bis zur *Großsteinhausermühle* (3 km) und weiter bis dicht an die französische Grenze, wo links die Straße – ansteigend – in einer großen Kurve hinauf nach *Riedelberg* (2 km) führt. Nach dem Ort steigt die Straße noch ein wenig an und führt auf der Hochfläche ganz dicht an die französische Grenze (Grenzsteine!) heran, die an einer Stelle sogar im rechten Straßengraben verläuft, so daß man mit einem Bein auf französischem, mit dem anderen Bein auf deutschem Boden stehen kann. Weiter in östlicher Richtung über die kahle Hochfläche (mit weiter Sicht bei günstiger Witterung!) und dann in einem kleinen Tal Abfahrt zur *Eichelbachermühle* (8 km) im romantischen Tal der Felsalbe. Nach der Durchquerung des Tales in einem Seitental Auffahrt nach *Winzeln* (3 km) und durch die Ortsmitte auf dem Radweg wieder zurück nach *Pirmasens* (3 km).

Contwig
Rieschweiler-Mühlbach
Ruppenthalerhof
Stambach
Tschifflick-Niederauerbach
Truppacherhof
Dellfeld
Gasths. Falkenbusch
Höh-fröschen
383
Thalfröschen
Schwarzbach
Höhmühlb.
Höheisch-wlr.
Nünschwlr.
Wahlbacher-hof
Offweiler-hof
Heckenaschbacherhof
Kirschbacherhof
Peters-berg
Staffelhof
FEHR-BACH
HENGS-BERG
GERS-BACH
391
WINDSBERG
Walshsn.
Dusenbrücken
Langenbergerhof
Kl.-Steinhausen
Huberhof
365
Gr.-Steinhausen
Monbijou
Dietrichingen
246
Riedelberg
Einöder-wiesenhof
Bottenbach
Opperding
Rolbing
Ober-Ecke
Windhof
Felsalbe
374
WINZELN
Eichelsbacher-mühle
Scheler-mühle
390
Stausteinerhof
Vinningen
Dorst
Walschbronn
Breidenbach
Kröppen
441
Felsenbrunner-hof
406
Niedersimten
Litters-bacher M
Rehmühle
Ober-simten
Rodalberhof
Bf. Pirmasens-N.
Biebermühle
Apostel-mühle
Grünbühl
408
RODALBEN
Clausen
Orleberg
432
Donsieders
Hesselsberg
Merzalben
Merzalbe
R. Gräfer
Ringels
Neuhof
Riegelbrunnerhof
470
Münchweiler a. d. Rodalb
Wieslau
Lamsbacherhof
442
Hombrunnerhof
ADAC
(368)
PIRMASENS
434
442
440
Kalte
Ruppertsweiler
Teufelstisch
RUHBANK
Starken-brunnen
ERLENBRUNN
Lemberg
415
Rothenberg
Lang-mühle
466
457
Gr. Schiffels-K.
R.-Keller-Hs.
Salzwoog
237
Bichten-B.
400
386
R. Neu-Dahn
231
359
237
342
10
8
D962

49 Zweibrücken – Tschifflick – Heidelbingerhof – Montbijou – Dietrichingen – Hornbach – Bickenaschbacherhof – Mittelbach – Zweibrücken

Schwierigkeitsstufe II.
Tourenlänge 27 km. **Fahrzeit** 3 Stunden.
Höhenunterschiede 130 Meter auf 3 Kilometer von Zweibrükken zur Truppacher Höhe; 80 Meter auf 2 Kilometer hinter Hornbach Richtung Bickenaschbacherhof.
Karten 1:50000 L 6710 Pirmasens Nord, L 6910 Pirmasens Süd, L 6908 Kleinblittersdorf; 1:200000 Generalkarte Blatt 18.
Wissenswertes Die »Stadt der Rosen und der Rosse«, *Zweibrücken,* »verdankt diese Kennzeichnung der in dieser Gegend heimischen Pferdezucht und dem sehr schön gestalteten Rosengarten und der Gartenanlage der Fasanerie. Ehemalige Residenzstadt der Herzöge von Pfalz-Zweibrücken. Die Zweibrükker Herzöge liierten sich mit den Schweden und regierten ab 1654 als Könige auch in Schweden. So gehört von 1681–1719 Pfalz-Zweibrücken zu Schweden. Von 1714–1719 lebt der polnische König Stanislaus Leszczynski hier im Exil und erbaut sich das in der Nähe gelegene Lustschloß *Tschifflick.* 1719 endet die pfälzisch-schwedische Personalunion, deren berühmtester Repräsentant der pfälzische Schwedenkönig Karl XII. war, und die Linie Zweibrücken-Birkenfeld trat die Nachfolge an, aus der dann später die bayerischen Könige hervorgingen; spätgotische Alexanderkirche mit den Gräbern der Herzöge sowie das von dem schwedischen Baumeister Jonas Erikson Sundahl 1720–1725 erbaute herzogliche Schloß (jetzt Oberlandesgericht). – *Montbijou,* ein Gehöft anstelle eines Schlößchens »mon bijou« (mein Schmuckstück) mit Park vom Zweibrücker Kammerherr Kreutzer gegen Ende des 18. Jahrhunderts erbaut. – *Hornbach,* berühmtes ehemaliges Benediktinerkloster, 737 vom heiligen Pirmin, einem irischen Mönch, gegründet, der von hier aus die Christianisierung betrieb und nach seinem Tode 753 hier begraben wurde. Die Abtei blühte im Mittelalter auf und hatte viele Besitzungen. 1558 wurde das Kloster im Zuge der Reformation durch die Zweibrücker Herzöge aufgehoben und in eine evangelische Lateinschule umgewandelt, aus der dann das Herzog-Wolfgang-Gymnasium in Zweibrücken hervorging. Umfassungsmauern, die teilweise bis in die Karolingerzeit zurückgehen.

Tourenbeschreibung Vom Zentrum der Stadt *Zweibrücken* aus dem grünen Richtungsschild Radweg Niederauerbach, dann

Contwig in östlicher Richtung entlang des Schwarzbaches zu den Resten des ehemaligen Lustschlosses *Tschifflick* (2 km, Abstecher zur »Fasanerie«, Rosengarten), vor Contwig rechts, dann bergauf durch die Truppacher Straße und unter der Autobahn hindurch zur »Truppacher Höhe«. Auf der Höhe zunächst links in etwa parallel zur A 62, dann rechts abbiegen zum *Heidelbingerhof* (7 km) und abwärts durch das Zwerchtal zum *Kirschbacherhof* (2 km), wo das Hornbachtal (Trualb) erreicht wird. Im breiten Tal des Hornbachs unterhalb des stattlichen Gutshofes *Montbijou* (3 km) mit seinem alten Baumbestand (ein Besuch lohnt sich!) und weiter über *Dietrichingen* (1 km) und vor der Brücke nach *Mauschbach* (2 km) geradeaus auf der schmalen Straße bis nach *Hornbach* (1 km). Hier überquert man die Bundesstraße B 424, die zur französischen Grenze führt, dann weiter in westlicher Richtung bergan und über den breiten Höhenzug wieder abwärts zum *Bickenaschbacherhof* (4 km). Auf der Straße im Tal der Bickenalbe weiter nach *Mittelbach* (2 km) zum Hornbachtal und in das Zentrum zurück nach *Zweibrücken* (3 km), wobei man dem Radwegschild folgt.

50 Zweibrücken – Niederauerbach – Oberauerbach – Winterbach – Wiesbach – Großbundenbach – Mörsbach – Oberauerbach – Niederauerbach – Zweibrücken

Schwierigkeitsstufe II.
Tourenlänge 30 km. **Fahrzeit** 3 Stunden.
Höhenunterschiede 125 Meter auf 4 Kilometer von Wiesbach bis zur Höhe bei Käshofen.
Karten 1:50000 L 6710 Pirmasens Nord; 1:200000 Generalkarte Blatt 18.
Wissenswertes *Zweibrücken* (wie Tour 49). – *Winterbach,* St.-Matthäus-Kirche, romanischer Turm und Chor. – *Wiesbach,* zweischiffige Hallenkirche aus dem Anfang des 14. Jahrhunderts. – *Großbundenbach,* Kirche St. Martin mit romanischem Chorturm um 1200. Bedeutende Wandmalereien aus der Zeit um 1320 u.a. Himmelfahrt, Pfingsten, Auferstehung, Christophorus, St. Georg, St. Martin. Im Kirchenschiff viele bemerkenswerte Grabsteine derer von Stein-Kallenfels und Cathcart of Carbiston, einem schottischen Adelsgeschlecht, Minister am Hofe der Zweibrücker Herzöge.

Tourenbeschreibung Die Fahrt in das Gebiet der »Sickinger Höhe« beginnt an den Sportanlagen und der Rennwiese von *Zweibrücken,* dem grünen Radwegschild »Niederauerbach« am Schwarzbach entlang und führt zuerst zum Stadtteil *Niederauerbach* (2 km) und in nordöstlicher Richtung durch das untere Auerbachtal nach *Oberauerbach* (3 km) und weiter am Auerbach entlang, der bald seinen Namen in Wiesbach ändert, nach *Niederhausen* (3 km) und *Winterbach* (1 km), letztere Orte mit einem Radweg verbunden. Die Radwanderung wird fortgesetzt durch das jetzt nach Norden biegende, immer reizvoller werdenden Wiesbachtal zum gleichnamigen Ort *Wiesbach* (4 km). Hier schwingt sich die Straße in westlicher Richtung in einem Seitental, dem Nesselbachtal entlang, zur Höhenstraße auf der »Sikkinger Höhe«. Vor *Käshofen* (3 km) links abbiegen und noch eine kürzere Strecke bergan, um dann auf allmählich abfallender Straße nach *Großbundenbach* (4 km) zu gelangen. Von hier aus in einer größeren Kurve steiler abwärts in das Bundenbachtal unterhalb von Mörsbach. Vor Mörsbach geradeaus weiter im Bundenbachtal. Talabwärts ist der Weg zum Teil nicht in gutem Zustande, doch ist das tief eingeschnittene Wiesental mit seinen bewaldeten Berghängen recht reizvoll, so daß sich die Fahrt auch hier lohnt. Das Talende wird in *Oberauerbach* (5 km) erreicht. Hier schließt sich der Kreis durch die Täler und über die Höhe und man fährt wieder zurück über *Niederauerbach* (3 km) nach *Zweibrücken* (2 km).

Burg Nanstein oberhalb von Landstuhl (Foto: Heinz Wittner)

51 Landstuhl – Oberarnbach – Obernheim – Kirchenarnbach – Hettenhausen – Wallhalben – Mittelbrunn – Landstuhl

Schwierigkeitsstufe II.
Tourenlänge 30 km. **Fahrzeit** 3 Stunden.
Höhenunterschiede 200 Meter auf 3 Kilometer von Landstuhl auf die »Sickinger Höhe« Richtung Oberarnbach; 70 Meter auf 3 Kilometer von Mittelbrunn bis zur Höhe vor Landstuhl
Karten 1:50000 Rad- und Wanderkarte Kaiserslautern; 1:200000 Generalkarte Blatt 18.
Wissenswertes *Landstuhl,* 1326 Stadtrechte, oberhalb die Burg Nan(n)stein. 1668 wird die Burg zerstört. In der Kirche St. Andreas das große Grabmal des Franz von Sickingen. In der Heilig-Kreuz-Kapelle Wandmalereien aus der 2. Hälfte des 15. Jahrhunderts. – *Kirchenarnbach,* von der ehemaligen Kirche St. Johann Baptist stehen nur noch Chor und Sakristei mit Wandmalereien aus dem 14. Jahrhundert und ein Sakramentshäuschen. – *Wallhalben,* neugotische Kirche mit gotischem Chorturm aus dem 14. Jahrhundert. – *Mittelbrunn,* Ruine der St.-Verena-Kapelle am nördlichen Ortsrand (14. Jahrhundert).

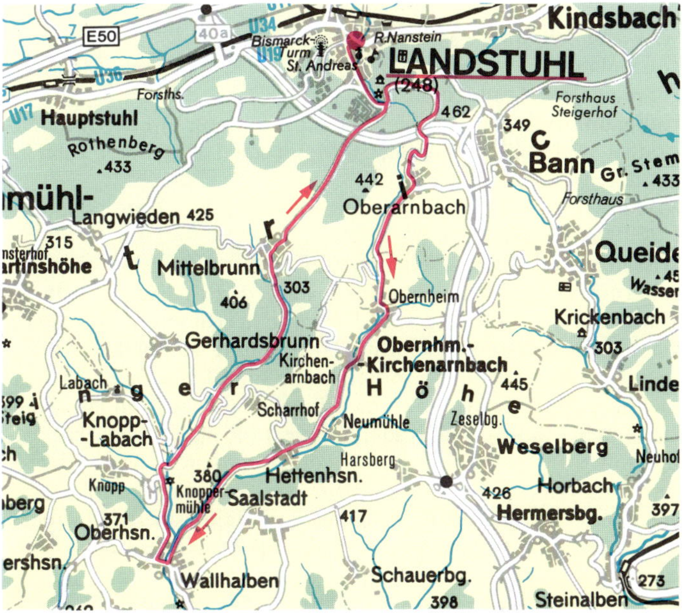

Tourenbeschreibung Von *Landstuhl* in südlicher Richtung – bergauf, links ein kleiner Rad- und Gegweg – zum Höhenrandwulst der Sickinger Höhe und über einen kleinen Höhenzug, dann Abfahrt in das Arnbachtal, zuerst nach *Oberarnbach* (5 km), dann im Tal weiter nach *Obernheim* (3 km) zum Mittelpunkt des Tales *Kirchenarnbach* (1 km). Von hier weiter durch das jetzt noch anmutiger werdende Tal an *Neumühle* (2 km) vorbei nach *Hettenhausen* (1 km) und nach *Wallhalben* (4 km), wo von hier an die beiden Bäche Arnbach und Stuhlbach die Wallhalbe im schönen Wiesengrunde bilden. In Wallhalben über die Brücke und nun in nördlicher Richtung in das Stuhlbachtal bis zur *Knoppermühle* (2 km). Dort über die Brücke und aufwärts durch das reizende Tal nach *Mittelbrunn* (5 km). Jetzt steigt die Straße steiler an bis zur Höhe vor Landstuhl. Durch den Staatsforst erreicht man nach einer kurzen Abfahrt wieder *Landstuhl* (6 km).

52 Kaiserslautern – Vogelweh – Kolbental – Gelterswoog – Hohenecken – Kaiserslautern

Schwierigkeitsstufe I/II.
Tourenlänge 17 km.
Fahrzeit 1½ Stunden.
Höhenunterschiede 60 Meter auf 2 Kilometer auf der »Römerstraße« Richtung Kolbental; 30 Meter auf 1 Kilometer vor Hohenecken.
Karten 1:50000 Rad- und Wanderkarte Kaiserslautern; 1:200000 Generalkarte Blatt 18.
Wissenswertes *Kaiserslautern,* fränkischer Königshof, von den Saliern Weitergabe an die Hohenstaufen. Friedrich I. läßt die »Barbarossaburg« anlegen. 1276 verleiht Rudolf v. Habsburg die Stadtrechte. Über Jahrhunderte gehört Kaiserslautern zur Kurpfalz als Verwaltungsmittelpunkt. Im 19. Jahrhundert Entwicklung zur Industriestadt, die bis zur Gegenwart anhält (Nähmaschinen, Autos, Fahrradergometer). Frühgotische Stiftskirche mit kunstgeschichtlich wertvollen Arbeiten. Die »Barbarossaburg« wurde 1152–58 erbaut. Im Inneren wertvoller Renaissance-Gobelin mit Ballspiel-Szenen. Sehenswerte Pfalzgalerie. Universität am südlichen Stadtrand. Kaiserslautern ist bekannt durch den Fußball-Bundesligisten und mehrmaligen deutschen Meister 1. FC Kaiserslautern. – *Gelterswoog,* Naherho-

KAISERSLAUTERN
ADAC
Otterbach
(240)
Mehlingen
Weilerbach
Kottweiler-Schwanden
Kottweiler
Mackenbach
Rodenbach
-Miesenbach
Reichswald
Landstuhl
(248)
Kindsbach
Einsiedlerhof
Lichtenbruch
Hohenecken
R. Hohenecken
R. Perlenberg
Gelterswoog
Hohenecker Mühle
Breitenau
Dansenberg
Espensteig
Aschbacherhof
Aschbach
Stelzenberg
Mölschb.
Bann
Gr. Stempel-B.
Oberarnbach
Queidersbach
Forsthaus Steigerhof
Forsthaus
R. Nanstein
Bismarck-Turm
St. Andreas
Mohr-B.
Siegelbach
Wiesenthalerhof
Erzhütten
Erfenbach
Stockborn
Erlenbach
Morlautern
Eichel-B.
Gehrsweilerhof
Münchschwanderhof
Baalborn
Neukirchen
Fröhnerhof
Daubenbornerhof
Eselsfurth
Esels-B.
Harzthalerhof
Quaidersberg.
Grübentälchen
Burgmuseum
Lothr. Dell
Bf. Kennelgärten
Bf. Galgenschanze
Vogelweh
Stiftsk.
Lämmchesberg
(233)
Heiligenberg-Tunnel
R. Beilstn.
Bremerhof
Gr. Humberg
Harter Kopf
Forsths.
E50
6
40
37
270
U25
U23
U30
U32
U21
U27
U26
U28
U11
U34
U19
U16

lungsgebiet mit vielen Freizeit-, Spiel- und Sportaktivitäten (Wassersport, Ballspiele, Wandern). – *Hohenecken,* Burg um 1150 zum Schutze von Kaiserslautern erbaut. 1689 zerstört.

Tourenbeschreibung Auf dem (ausbaufähigen) Radweg entlang der B 40 aus der Stadtmitte von *Kaiserslautern* nach dem vorwiegend von US-Bürgern bewohnten Stadtteil *Vogelweh* 3 km) und zum südlich der B 40 gelegenen amerikanischen Baseball-Stadion. An der Waldecke Dreigabelung des Weges, wobei der mittlere Weg eingeschlagen wird. Geradeaus auf der »Römerstraße« durch den »Römergrund«, dann Kurve nach Süden und gleichzeitiger leichter Anstieg bis zu einem kleinen »Paß«, der dann auf schlichtem, aber gut befahrbarem Waldweg in das *Kolbental* (4 km) mit den Kolbenweihern führt. Entlang der urwüchsigen Uferzonen zum großen Naherholungsgebiet *Gelterswoog* (2 km). Auf der Rückfahrt nach Kaiserslautern den Radweg entlang der B 270 bis *Hohenecken* (3 km) benutzen, dann durch die Ortsmitte, weiter in die Ratsherrenstraße und durch die Hohenecker Straße und den Wald auf dem ausgeschilderten Radweg, beginnend etwa 100 Meter links von der Eisenbahnbrücke, zurück nach *Kaiserslautern* (5 km).

53 Kaiserslautern – Vogelwoog – Siegelbach – Weilerbach – Mackenbach – Miesenbach – Steinwenden – Weltersbach – Katzenbach – Spesbach – Landstuhl – Kindsbach – Kaiserslautern

Schwierigkeitsstufe I/II.
Tourenlänge 40 km.
Fahrzeit 3½ Stunden.
Höhenunterschiede 20 Meter auf 2 Kilometer zwischen Weilerbach und Mackenbach; 20 Meter auf 1 Kilometer zwischen Mackenbach und Miesenbach; 30 Meter auf 1,5 Kilometer nach Weltersbach.
Karten 1:50000 Rad- und Wanderkarte Kaiserslautern; 1:200000 Generalkarte Blatt 15.
Wissenswertes *Kaiserslautern* (wie Tour 52). – *Weilerbach,* Kirche mit romanischem Chor und frühgotischen Elementen. – *Mackenbach,* früher ein Musikantendorf, dessen Musiker in aller Welt aufspielten. – *Spesbach,* Kirche mit romanischem Turm und barockem Schiff. – *Landstuhl* (wie Tour 51). – *Landstuhler*

Otterberg, Kriemhildenstein (vorchristl. Menhir)
(Foto: Verbandsgemeindeverwaltung Otterberg)

Bruch, vor 200 Jahren eine Moorlandschaft von 30 Kilometer Länge und 2 bis 3 Kilometer Breite mit typischer Moor-Fauna und -Flora. Dazwischen langgezogene Sandinseln, »Schachen« genannt. Um die Jahrhundertwende wurde das Moorgebiet durch Wassergräben trockengelegt. Bis 1951 wurde noch Torf gestochen. Kleines Naturschutzgebiet bei der Moordamm-Mühle. Heute ist das Gebiet durch militärische Anlagen und Autobahnen in seinem ökologischen Gleichgewicht gestört.

Tourenbeschreibung Von *Kaiserslautern* zum Naherholungsgebiet *»Vogelwoog«* (ausgeschildert). Von dort folgt man dem grünen Radwegschild durch den Wald, zunächst unter der Schnellstraße hindurch, dann zum Radweg der Straße links nach *Siegelbach* (6 km). Ortsdurchfahrt. Dann Straße – teilweise Radweg – nach *Rodenbach* (3 km). In der Ortsmitte links dem weißen Hinweisschild »Waldschwimmbad« folgen, aber dann geradeaus Richtungshinweis »Schellenbergerhof«. Durch die anmutige Landschaft nach *Mackenbach* (4 km). Dort dem grünen Radschild folgen zum Spielplatz, zum Waldrand, rechts entlang,

Reichenbach-Steegen
Reichenbach
Pörrbach
Eulenbis
Katzwlr.
Otterbach
Matzenb.
Rehwlr.
Fockenberg-Limbach
Schwanden
Schwedelbach
Erzenhsn.
Samuelshof
Kühbörncheshof
Stockborn
Sambach
Glan-Münchwlr.
Bettenhsn.
Reuschbach
Kottweiler-Schwanden
Kottweiler
Weilerbach
ERFEN-BACH
ERLENBACH
Mackenbach
Rodenbach
Niedermohr
Obermohr
Stein-wenden
-Miesenbach
SIEGELBACH
Wiesenthalerhof
Erzhütten
MORLAUTE
Reichswald
Schrollb.
Weltersb.
Nanzdiezwlr.
Maulsch-B.
Ramstein-
Nanz-dietschweiler
Katzenbach
Hütschenhsn.
Spesbach
Mohr-B.
EINSIEDLERHOF
Lothr.Dell
Burgmuseum
Bf. Kennelgarten
Stiftsk.
Bf. Galgen-schanze
Vogelweh
Lämmchesberg
KAISERS-LAUTERN
Bismarck-Turm
St. Andreas
R.Nanstein
LANDSTUHL
Kindsbach
LICHTEN-BRUCH
R. Perlenberg
HOHENECKEN
Gelters-woog
DANSENBERG
Espensteig
Aschbacherhof
Aschbach
Forsthaus Steigerhof
Bann
Stempel-B.
Hauptstuhl
Rothenberg
Forsths.
E50

nach 100 Metern links in den Wald, abwärts nach *Miesenbach* (3 km). Geradeaus durch die Weiherstraße nach *Steinwenden* (2 km). Dort wird in südlicher Richtung das Tal und die Brücke des Mohrbaches überquert, um in den Weiler *Weltersbach* (1 km) zu gelangen. Leicht ansteigend, dann nach etwa 1,5 Kilometern rechts den asphaltierten Feldweg in westlicher Richtung einschlagen, um unter der Autobahn A 62 hindurch *Katzenbach* (3 km) zu erreichen. Am Ende des Ortes links nach *Spesbach* (1 km). In Spesbach die Hauptstraße überqueren und geradenwegs durch die Wiesen in südlicher Richtung zum Waldrand fahren mit Blick auf die Randberge der Sickinger Höhe. Nach einer Links- und einer Rechtskurve unter der Autobahn A 6 hindurch in das ehemalige Moorgebiet und durch die »Eichschachen« bis zum Waldrand, wo man links abbiegt, um dann unter der Autobahn hindurch auf geradem Weg kurz vor der Bahnlinie Landstuhl – Kusel den Ortsrand von *Landstuhl* (6 km) zu erreichen.

Über die Bahnlinie und unter der Autobahnzufahrt Landstuhl hindurch zum Bahnhof, wo man mit dem Fahrrad durch die Unterführung der Bahnsteige fahren kann. Durch die nördlichen Ortsstraßen von Landstuhl parallel zur Bahn in östlicher Richtung, dann wieder über die Bahn zum Sandweiher *»Silbersee«*

(Foto: Ulrich Schnabel)

Ehemalige Zisterzienserabtei Otterberg, Kirche (Foto: Heinz-Egon Rösch)

(2 km) und geradeaus weiter zum nördlichen Ortsteil von *Kindsbach* (1 km). Hier links zum *Forsthaus Kindsbach* (1 km) bis kurz vor die Autobahn, der man rechts einige hundert Meter folgt, um dann geradeaus in östlicher Richtung durch den ehemaligen Sumpfwald auf gut ausgebautem Waldweg *Einsiedlerhof* (4 km) zu erreichen. Da ein Industriegelände die Weiterfahrt Richtung Kaiserslautern versperrt, bleibt nichts anderes übrig, als in Einsiedlerhof rechts über die Bahnlinie hinweg zur B 40 zu fahren, um in östlicher Richtung (ein Radweg ist in der Planung) über *Vogelweh* (3 km), teilweise auf parallel verlaufenden Radstreifen/-wege, nach *Kaiserslautern* (3 km) zu fahren.

54 Kaiserslautern – Staatsforst Hochspeyer – Enkenbach – Neuhemsbach – Sippersfeld – Winnweiler – Potzbach – Drehenthalerhof – Otterberg – Erlenbach – Gersweilerhof – Kaiserslautern

Schwierigkeitsstufe II/III.
Tourenlänge 50 Kilometer. **Fahrzeit** 4–5 Stunden.
Höhenunterschiede 50 Meter auf 1,5 Kilometer von der B 37 zum Matzenberger Weg; 60 Meter auf 1,2 Kilometer nach Sippersfeld; 70 Meter auf 3 Kilometer von Winnweiler zu den Leithöfen; 60 Meter auf 1 Kilometer von Potzbach zum Waldweg Richtung Drehenthalerhof; 80 Meter auf 3 Kilometer von Otterberg bis nach Erlenbach; 70 Meter auf 1,2 Kilometer vom Eselsbachtal bis zur Höhe der Autobahn vor Kaiserslautern.
Karten 1:50000 L 6512 Kaiserslautern; 1:100000 Reg.-Bez. Rheinhessen – Pfalz; 1:200000 Generalkarte Blatt 15.
Wissenswertes *Kaiserslautern* (wie Nr. 52). – *Enkenbach,* 1148 gegründetes Prämonstratenserinnenkloster, wurde 1564 aufgehoben. Romanisch-gotische Kirche mit prächtigem Westportal, Steinmetzarbeit, reizvoll mit einem Rebengewinde überzogen, dazu Vögel, Hasen und Eichhörnchen, in der Mitte das Gotteslamm »Weinberg der Kirche«. – *Alsenborn,* Kirche St. Vitus romanisch-frühgotisch. Alsensquelle. – *Neuhemsbach,* eine der umgebenden Landschaft im Wiesengrunde und den Kiefernwäldern gut angepaßte ehemalige Schloßkirche mit sechseckigem Turm (1739). – *Sippersfeld,* evangelische Pfarrkirche, 1768 angelehnt an einen gotischen Chortum erbaut, reichhaltige Rokoko-Ausstattung. – *Winnweiler* in der Umgebung früher Erzgewinnung und Verhüttung durch die Fa. Gienanth. Im 18. Jahrhun-

Seelen
Felsbergerhof
Imsweiler
(212)
Spreiterhof
Schleif-mühle
Steinberg
435
Reiterhof
Falkens
462
Reichsthal
Kreuzhof
Messersbacherhof
Gunderswlr.
Schweiswlr.
Wambacherhof
Karlshöhe
Gehrweiler
Kahlheckerhof
Kupferschmelz
Winnwlr.
228
Hochstein
Alsenbr.
Heimkirchen
Holbornerhof
273
Wingertsweilerhof
405
Waldhaus
Reiserberg
460
Wickelhof
Heiligen-moschel
Höringen
Leithöfe
Schallodenbach
Wackenbornerhof
Potzbach
Lohnsfd.
Horterhof
Magdalenen-H.
Messerschwanderhof
Schmitterhof
48
367
370
Wartenberg
Wartenbg.-Rohrbach
Mehlbach
Forsths.
Drehenthalerh.
Rohrbach
Lauerhof
Humberg
339
(230)
ÖTTERBERG
Sembach
Mehlinger-hof
327
40
Ehem. Kloster-K.
Münch-schwanderhof
Baalborn
(240)
Otterbach
Mehlingen
ERLENBACH
Eichel-B.
369
Neukirchen
Fröhnerhof
U26
Gehrsweilerhof
Forsths.
328
MORLAUTERN
Daubenborner-hof
368
270
Esels-B.
ESELSFÜRTH
8
Harzthalerhof
Hoch-speyer
(266)
E50
394
Quaidersberg
Lothr. Dell
Bf Kennelgarten
Burgmuseum
U25
Grübentälchen
37
U27
Heiligenberg-Tunnel
Stiftsk.
242
Forsths.
R. Beilstn.
313
Bf. Galgenschanze
(233)
Lämmchesberg
ADAC
KAISERSLAUTERN
261
Bremerhof
Gr. Humberg
430
Reichswald
DANSENBERG
Harter Kopf
450
375
280
Espensteig
Aschbacherhof
Waldle
288
310
290
401
Forsths.
Stelzenberg
481
MÖLSCHB.

Jakobswlr.
Elbisheimer
R. Hohenfels
Steinbach
a.Donnersbg.
Dreisen
199
Standenbühl
Göll
Hahnweilerhof
Münsterhof
Imsbach
40
Röderhof
Herfingerhof
Börrstadt
295
47
Wäschbacher-
hof
339
Alsenbrück-
Langmeil (244)
402
Breunigwlr.
Steinäcker-
sdlg.
St. Remigius
Sippersfeld
389
Rosenthalerhof
EISENBG.
(248)(Pfalz)
Steinborn
Münchwlr.
a.d.Alsenz
Pfrimmerhof
Clauserhof
Stauf
365
Gonbach
U22
Neumühle
Ripperterhof
Ramsen
Hetten-
leidelhm.
U24
U29
Heinzental
354
336
Kleehof
Rosen-B.
Neuhemsbach
Lauberhof
Randeckerhof
Forsths.
Forelle
Eiswoog
Hetschmühle
Carlsberg
Grabhügel
327
U29
14
6
Hohe Bühl
443
-Alsenborn
Hertlingshsn.
Kloster-K. St. Norbert
Höningen
Enkenbach-
420
Forsths. Schorlenberg
Diemersteiner
449
Krummes Eck
Kieskautberg
461
Altenhof
368
U27
Forsths.
270
Schloß-B.
424
Wald
451
216
Fischbach
258
Isenach
Dreispitz
37
Isenach
Diemerstein
424
251
Münchhof
381
Meisen-K.
Frankenstein
(247)
Forsths.
Saupferch
Weidenthal
R. Schau
571
Drachenfels
Leinbach
440
Eisenkeil
441
Engels-K.
Mainzertal
462
528
Hohe Ebene
309
Waldleiningen
H. Stopp
R. Lichtenstein
R. Neidenfels
Forsths.
Schwarzsohl
507
Mollenkopf
Forsths.
Morschbacherhof
Neidenfels
423
489
39

dert kam Winnweiler durch Heirat an Österreich und wurde österreichisches Oberamt. Teile des Schlosses noch erhalten. – *Otterberg,* großartige ehemalige Zisterzienserabtei, die dem ganzen Ortskern auch heute noch ihr Gepräge gibt. Um 1200 begann der monumentale Kirchenbau (86 m lang) im Stil der zisterziensischen einfachen romanischen Architektur. Vorhanden sind weiter noch der Kapitelsaal und Klostergebäude. In der Stadt barocke Häuser (Rathaus). Ehemalige wallonische Siedlung.

Tourenbeschreibung Von der Stadtmitte *Kaiserslautern* zum Schwimmbad im Osten der Stadt und entlang der Bahnlinie Kaiserslautern – Ludwigshafen geradeaus in den Staatsforst Hochspeyer. Beim Tunnelanfang der Bahnlinie links abbiegen zur Bundesstraße B 37, auf der man rechts etwa 600 Meter fährt, um dann in den ersten befestigten Waldweg links abzubiegen. Der Weg steigt ein wenig an bis zur Höhe, wo man, rechts abbiegend, an einer militärischen Anlage vorbei (geschotterter Weg), dann auf geradem asphaltiertem Weg, dem »Matzenberger Weg«, über die Brücke der Autobahn und vorbei an dem Ausbildungs- und Sportzentrum der Bereitschaftspolizei vorbei nach *Enkenbach* (12 km) fährt. In Enkenbach über die Bahnlinie Kaiserslautern – Bad Kreuznach nach *Alsenborn* (1 km) und weiter in nördlicher Richtung durch den erholsamen Wald zum idyllisch im Wiesengrund gelegenen Ort *Neuhemsbach* (4 km). In Neuhemsbach rechts wieder in den Wald mit der »Fünfschwesternkiefer« am Straßenrand und weiter nach *Sippersfeld* »4 km). Am Ortsende links – ansteigend – wieder durch den Wald nach *Langmeil* (4 km), wo man auf die B 48 trifft und dieser Straße über *Alsenbrück* (1 km) mit Radweg für kurze Zeit bis nach *Winnweiler* (1 km) im Alsental folgt. In Winnweiler zunächst in südlicher Richtung durch die Jakobsstraße zum Ortsausgang und beim Schwimmbad rechts in das Grummbachtal einbiegen. Hier – ansteigend – in westlicher Richtung zu den *Leithöfen* (4 km) und von dort nach *Potzbach* (1 km). In südlicher Richtung – ansteigend – durch die Wiesen und Felder zum Wald und auf gutem Weg (Markierung roter Strich) durch den Staatsforst, am *Drehenthalerhof* (4 km) vorbei, zum Otterbach in einem anmutigen dicht bewaldeten Tal nach *Otterberg* (3 km). In Otterberg am südlichen Ortsende über die Brücke des Otterbaches und – ansteigend – durch die Felder auf der schmalen Straße nach *Erlenbach* (3 km). Dort links – weiter ansteigend – bis zur Höhe und abwärts nach *Gersweilerhof* (1 km) und zum breiten Eselsbachtal, das durchquert wird. Auf der anderen Talseite aufwärts bis zur Autobahn, dort durch die Unterführung und dann wieder abwärts, mit Blick auf Kaiserslautern und den Pfälzerwald, nach *Kaiserslautern* (5 km) zurück.

55 Kirchheimbolanden – Haide – Orbis – Oberwiesen – Rothenkircher Hof – Richtung Gerbach – Tierwasen – Kirchheimbolanden

Schwierigkeitsstufe II.
Tourenlänge 25 Kilometer.
Fahrzeit 2½ Stunden.
Höhenunterschiede 80 Meter auf 2 Kilometer von Kirchheimbolanden nach Haide; 60 Meter auf 1 Kilometer vom Rothenkircher Hof auf der Straße Richtung Gerbach; 60 Meter auf 2 Kilometer von Unter-Tierwasen Richtung Kirchheimbolanden.
Karten 1:50000 L 6314 Alzey, L 6312 Rockenhausen; 1:200000 Generalkarte Blatt 15.
Wissenswertes *Kirchheimbolanden* ehemalige Residenzstadt der Grafen von Nassau-Saarbrücken, später Nassau-Weilburg, von deren Charakter heute noch vieles sichtbar ist: Stadtmauern, Türme, Beamtenhäuser, Hofapotheke. Teile des neuen Schlosses, der Schloßgarten, in dem es 1849 zu einem Kampf zwischen den Regierungstruppen und Freischärlern kam, und der Schloßkirche (Paulskirche), auf deren berühmter

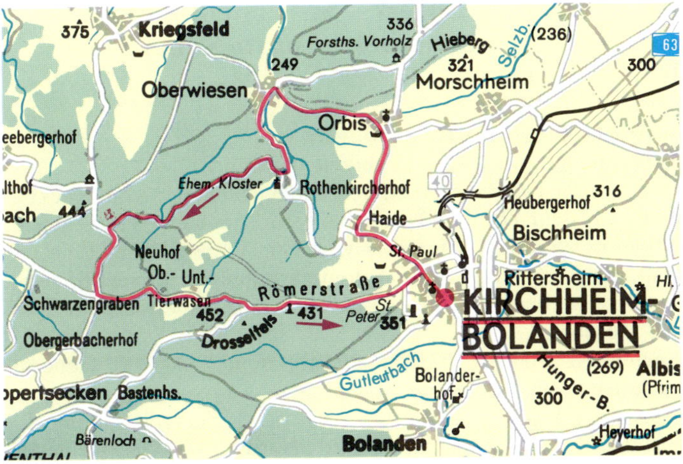

Stumm'schen Orgel 1777 Wolfgang Amadeus Mozart spielte und im Schloß musizierte. Peterskirche rom.-gotisch. Die »kleine Residenz« ist heute Kreisstadt des Donnersbergkreises. – *Rothenkircher Hof,* ehemaliges Prämonstratenserkloster, um 1160 gegründet, 1555 aufgelöst. Das Refektorium ist noch heute vorhanden und dient landwirtschaftlichen Zwecken.

Tourenbeschreibung Von *Kirchheimbolanden* in nördlicher Richtung – ansteigend – zum Vorort *Haide* (3 km). Rechts abbiegen und auf gleicher Höhe nach *Orbis* (2 km) im Quellengrund der Selz. Westlich weiter und durch den Wald Abfahrt nach *Oberwiesen* (3 km) im Wiesbachtal. Dort talaufwärts bis zum *Rothenkircherhof* (3 km), rechts auf einer für Autoverkehr nicht zugelassenen Straße – ansteigend – zum Wald und in einsamer Fahrt durch den Wald (später entlang einer eingezäunten Militäranlage) – leicht ansteigend – bis zur Straße Kriegsfeld – Gerbach, der man in *Richtung Gerbach* (5 km) folgt, um nach etwa 2 Kilometern links (Schild Kirchheimbolanden) nach der Waldlichtung *Tierwasen* (4 km) abzubiegen. Nach etwa 1½ Kilometern – ansteigend – zur Straße Rockenhausen – Kirchheimbolanden. Auf der jetzt stärker befahrenen Straße durch den Stadtwald und dann Abfahrt nach *Kirchheimbolanden* (5 km).

56 Rockenhausen – Würzweiler – Gerbach – Gaugrehweiler – Oberhausen/Appel – Münsterappel – Kalkofen – Obermoschel – Sitters – Schiersfeld – Finkenbach – Teschenmoschel – Dörrmoschel – Rockenhausen

Schwierigkeitsstufe II.
Tourenlänge 45 km. **Fahrzeit** 5 Stunden.
Höhenunterschiede 150 Meter auf 3 Kilometer von Rockenhausen bis zur Höhe beim ehemaligen Forsthaus Wittgenmark; 100 Meter auf 1½ Kilometer von Münsterappel zur Höhe vor Kalkofen; 150 Meter auf 8 Kilometer allmähliche Steigung von Waldgrehweiler bis zur Höhe hinter Dörrmoschel durch das Tal der Moschel.
Karten 1:50000 L 6312 Rockenhausen; 1:200000 Generalkarte Blatt 15.
Wissenswertes *Rockenhausen.* Aus der Römerzeit stammt der Brunnen vor dem Gebäude des »Nordpfälzer Geschichtsver-

eins«, gefunden im Ortsteil Katzenbach, dort auch mehrere römische Villen. 1332 Stadtrechte. Heute Mittelzentrum mit industrieller Entwicklung. Kahnweiler Museum. – *Gaugrehweiler* ehemalige Residenz des Wild- und Rheingrafen Karl Magnus, 1748 erbaut, in der französischen Revolution zerstört. Kavaliershäuser stehen heute noch an der Hauptstraße. – *Münsterappel* ehemalige Propstei der Benediktinerabtei St. Maximim Trier. Die Kirche gotisch-barock mit Fachwerkanbau. – *Alsenz*. Rathaus 16. Jahrhundert in Fachwerk und Sandsteinhalle. Gotische Kirche. – *Niedermoschel* Ruine der Talburg Lewenstein. – *Obermoschel* unterhalb der Ruine der Moschellandsburg 1130 von den Grafen von Veldenz erbaut, 1349 Stadtrechte, alte Häuser (Rathaus) aus spätgotischer Zeit. Im Moschellandsberg mehrere Jahrhunderte Quecksilberbergbau.

Tourenbeschreibung Von *Rockenhausen* in Höhe der Firma Keipper in östlicher Richtung Kirchheimbolanden – ansteigend

– zur Höhe, beim Forsthaus Wittgenmark links auf der Höhe entlang mit Blick auf den Donnersberg, die hochgelegene Burg und das Dorf Ruppertsecken und im oberen Appelbachtal, das vom Donnersberg her kommend nach Norden verläuft. Durch dieses zum Radfahren ideale Tal über *Gerbach* (2 km), *St. Alban* (1 km), *Gaugrehweiler* (3 km), *Oberhausen a.d. Appel* (2 km) nach *Münsterappel* (2 km). In der Ortsmitte links – ansteigend – über die Höhe nach *Kalkofen* und weiter Abfahrt nach *Alsenz* (3 km) im Tal der Alsenz.

In Alsenz rechts über die B 48 bis kurz vor der B 420 links einbiegen auf einen gut zu befahrenden Weg am Jägerhaus und dem Sportplatz vorbei nach *Niedermoschel* (3 km) und unterhalb der Moschellandsburg nach *Obermoschel* (1 km). In Obermoschel links weiter aufwärts durch das Tal der Moschel (günstig zum Radfahren) über *Sitters* (3 km), *Schiersfeld* (2 km), *Gersweiler-Finkenbach* (2 km) nach *Waldgrehweiler* (2 km), dort kurz rechts weiter, dann links durch das idyllische Tal – leicht ansteigend – nach *Teschenmoschel* (5 km) zum hochgelegenen *Dörrmoschel* (2 km) zur Höhe und Abfahrt, dazwischen wieder ein kurzer Anstieg, und weitere Abfahrt nach *Rockenhausen* (6 km).

57 Bad Münster am Stein-Ebernburg – Norheim – Niederhausen/Nahe – Oberhausen/Nahe – Montfort – Hallgarten – Feilbingert – Bad Münster (Abstecher: Feilbingert – Lemberg)

Schwierigkeitsstufe II.
Tourenlänge 26 Kilometer.
Fahrzeit 3–4 Stunden.
Höhenunterschiede 70 Meter auf 1 Kilometer im Hagenbachtal vor Hallgarten. 30 Meter nach Hallgarten zum Dreiweierhof.
Karten 1:50000 L 6112 Bad Kreuznach, L 6312 Rockenhausen; 1:200000 Generalkarte Blatt 15.
Wissenswertes *Bad Münster am Stein,* umgeben von hochragenden Porphyrfelsen (Rheingrafenstein, Rotenfels, Gans) liegt in einer Schleife der Nahe das schon den Römern bekannte Bad Münster, heute ein weithin gerühmtes Thermal-, Sole- und Radiumbad in reizvoller Landschaft. Kurpark, Salinen, Bäderhaus. Der 120 Meter über der Nahe aufragende Rheingrafenstein trägt die Ruine der Stammburg der Rheingrafen. Der Ro-

Im Nahetal, Blick nach Oberhausen und zum Lemberg (Foto: Heinz-Egon Rösch)

tenfels ist die höchste Felswand (220 m) nördlich der Alpen. – Im Ortsteil *Ebernburg* romanisch-gotische Kirche und oberhalb die Ebernburg, einst Sitz der Sickinger, Begegnungsstätte der Reformatoren (Franz v. Sickingen, Ulrich v. Hutten). »Herberge der Gerechtigkeit« 1697 zerstört, jetzt wieder aufgebaut (Restaurant, Bildungstätte). – *Niederhausen/Nahe* in der Kirche gotische Wandmalereien, u. a. Sankt Nikolaus und Rebenmotive im Turm. – *Montfort,* Ruine einer Ganerbenburg aus dem Mittelalter, bereits 1456 zerstört. Die Ruinen sind heute gut restauriert. – *Feilbingert* Modellspielplatz Rheinland-Pfalz.

Tourenbeschreibung Von *Bad Münster* über die stillgelegte Eisenbahnbrücke und am Sportplatz entlang mit Blick auf das einzigartige Felsenmassiv des Rotenfelsen auf der zum Radweg umfunktionierten Bahnlinie im Nahetal nach *Niederhausen* (6 km). Am Ufer des Stausees mit Blick zum Lemberg (422 m), dem »König der Naheberge« (früher Quecksilberbergbau) über die Nahebrücke nach *Oberhausen* (3 km). Von dort unterhalb des Naturschutzgebietes des Lembergs durch das idyllische Hagenbachtal zum *Montforter Hof* und der *Ruine Montfort* (5 km). Vom Montforter Hof auf dem Landwirtschaftsweg zur Straße Obernhausen – Hallgarten und weiter nach *Hallgarten* (2 km) und – leicht ansteigend – zum *Dreiweiherhof* (1 km) oder direkt von Hallgarten – steiler ansteigend – über die Höhe mit Abfahrt nach Feilbingert. Von dort Straße nach *Feilbingert* (3 km). (Abstecher: Von Feilbingert führt eine Straße zum *Lemberg* mit dem »Silbersee« in einem ehemaligen Steinbruch und schöner Aussicht auf das Nordpfälzer Bergland [zum Donnersberg] und auf das Nahetal bei der »Lemberghütte«, insgesamt 4 km.) Von Feilbingert Abfahrt, mit Blick auf die Rotenfelswand, nach

Ebernburg (4 km) und über die Nahebrücke nach *Bad Münster am Stein* (1 km). Man kann auch etwa 1 km hinter Feilbingert links von der Straße nach Ebenburg den (gekennzeichneten) Weg, dann rechts, zum Golfplatz einschlagen. Durch den Golfplatz geht die Fahrt – an den »Drei Buchen« vorbei – zum *Birkerhof* (4 km), dann rechts den Weg durch die Weinberge hinunter nach *Ebernburg* (2 km). (Anschluß durch das Salinental nach *Bad Kreuznach* (3 km).

58 Meisenheim am Glan – Rehborn – Odernheim am Glan – Disibodenberg – Staudernheim – Abtweiler – Lauschied – Desloch – Meisenheim (Abstecher nach Sobernheim und Freilichtmuseum Rheinland-Pfalz)

Schwierigkeitsstufe II/III.
Tourenlänge 28 km, Abstecher Sobernheim 4 Kilometer.
Fahrzeit 3 Stunden.
Höhenunterschiede 240 Meter auf insgesamt 8 Kilometer von Staudernheim durch das Grundbachtal über Abtweiler bis hinter Lauschied. 50 Meter auf 800 Meter hinter Desloch.
Karten 1:50000 L 6312 Rockenhausen, L 6310 Kirn; 1:200000 Generalkarte Blatt 15.
Wissenswertes *Meisenheim am Glan,* in einem Bogen umflossen vom Glan, wird wegen seiner noch gut erhaltenen Türme und Stadtmauer, seiner markanten historischen Stadtlage als das »Rothenburg am Glan« bezeichnet. Zunächst gehörte der Ort zu Kurmainz, dann den Grafen von Veldenz und schließlich den Herzögen von Pfalz-Zweibrücken, die – unter Herzog Wolfgang – die Stadt zu einer kleinen Residenz ausgebaut haben. – Die gotische Hallenkirche der Johanniter hat ein reich entfaltetes Netzgewölbe und birgt die wittelsbachische Grabkapelle mit 46 Gräbern dieser Familie. Die prächtige Orgel von Philipp Daniel Schmidt stammt aus dem Jahre 1767. – Im Ort das gotische Rathaus, Adelshöfe, Fachwerkhäuser, alte Apotheke. – Privates Paul-Schneider-Gymnasium, erstes »Sportgymnasium« in Rheinland-Pfalz. – *Odernheim am Glan,* hieß ehedem zur Unterscheidung von gleichnamigen Ortschaften Glan-, Wald- und Dreck-Odernheim, besaß 1349 Stadtrechte. *Disibodenberg* berühmtes Benediktiner-/Benediktinerinnenkloster auf dem auslaufenden Höhenzug oberhalb der Mündung des Glan in die Nahe. Hier lebte im 12. Jahrhundert die bedeutendste Frau des deutschen Mittelalters, die hl. Hildegard, wirkte über 40 Jahre als Theologin, Ärztin und Mystikerin und schrieb viele Bücher (Scivias – Naturkundliche und heilkundliche Werke). Von dem Kloster sind nur noch spärliche Überreste vorhanden. Neueste Grabungen brachten wertvolle Grabplatten von Äbten des Klosters zu Tage, die in den Resten der Marienkapelle aufgestellt sind. Im Frühjahr blüht hier zwischen den Ruinen der blau-violette Lerchensporn in breiten Flächen. – *Sobernheim,* ehemals zu Kurmainz, später zur Kurpfalz gehöriges Städtchen mit roma-

nisch-gotischer Matthias-Kirche (Stumm'sche Orgel, Fenster von Georg Meistermann), Fachwerkhäuser. Pastor Felke machte den Ort berühmt durch seine heilkräftigen Lehmkuren und Diätvorschriften. – *Freilichtmuseum Rheinland-Pfalz,* in einem Tälchen südlich von Sobernheim gelegen mit wieder aufgebauten Häusern (Schulhaus, Rathaus, Wirtshaus, Backhaus), Höfen aus verschiedenen Landesteilen von Rheinland-Pfalz.

Tourenbeschreibung Von *Meisenheim* in nördlicher Richtung, die B 420 überquerend, glanabwärts durch das ruhige Glantal nach *Rehborn* (4 km) und weiter nach *Odernheim am Glan* (4 km). In Odernheim links über die Glanbrücke und – leicht ansteigend – zum *Disibodenberg* (2 km; auf der Höhe rechts zur Klosterruine auf einem Waldweg 1,2 km). Vom Disibodenberg kurze Abfahrt nach *Staudernheim* (1 km). Abstecher nach Sobernheim und Freilichtmuseum Rheinland-Pfalz: In Staudernheim nördlich über die Nahebrücke und dort dem Radweg folgen zwischen Bahnlinie und Nahe, nach *Sobernheim* (3 km). In Sobernheim Schild »Freilichtmuseum« (teilweise Radweg) folgen (1 km). Rückfahrt wie Hinfahrt.

Vom Ortsmittelpunkt in Staudernheim links entlang des Grundbaches durch das anmutige Grundbachtal – leicht ansteigend – zum nördlichen Ortsrand von *Abtweiler* (5 km) und wei-

ter – ansteigend – nach *Lauschied* (3 km) und über die Höhe hinter Lauschied (382 m) Fahrt nach *Desloch* (3 km) und – nach kurzem Anstieg hinter Desloch – Abfahrt mit Blick (links) in das Heimbachtal und auf Meisenheim (Stadtsilhouette) nach *Meisenheim* (4 km).

59 Lauterecken – Wiesweiler – Offenbach am Glan – Hundheim – Hinzweiler – Oberweiler im Tal – Eßweiler – Roßbach – Rothselberg – Rutsweiler – Wolfstein – Einöllen – Hohenöllen – Lauterecken

Schwierigkeitsstufe II.
Tourenlänge 40 Kilometer. **Fahrzeit** 4 Stunden.
Höhenunterschiede 180 Meter auf insgesamt 10 Kilometer im Talbachtal zwischen Hundheim und Rotselberg; 160 Meter auf 3,5 Kilometer von Wolfstein zur Höhe vor Einöllen.
Karten 1:50000 L 6310 Kirn, L 6510 Landstuhl; 1:200000 Generalkarte Blatt 15.
Wissenswertes *Lauterecken* ehemaliges Residenzstädtchen der Veldenzer. – *Offenbach am Glan* ehemaliges Benediktinerkloster St. Maria, von dem noch ein Teil der Klosterkirche (erbaut um 1220), heute als evangelische Pfarrkirche, vorhanden ist. Im Ort alte Renaissance- und Fachwerkhäuser. – *Hundheim,* westlich des Ortes die »Hirsauer Kirche«, Überrest eines verschwundenen Dorfes. Die Kirche stammt aus dem 11. Jahrhundert und zeichnet sich aus durch ihre Fenster und die herrlichen Wand- und Deckengemälde aus frühgotischer Zeit. – *Hinzweiler* romanischer Kirchturm. – *Rotselberg* umgebaute romanische Kirche, Glocke aus dem Jahre 1496. – *Wolfstein* mit den beiden Burgruinen Alt- und Neuwolfstein, wurde 1275 von Rudolf von Habsburg zur Stadt erhoben. Fachwerkhäuser. Der umgebenden Landschaft am Königsberg (568 m) sehr schön angepaßte Jugendherberge. – *Einöllen* bis zum Ersten Weltkrieg ein bekanntes Musikantendorf. Romanisch-gotische Kirche.

Tourenbeschreibung Die auch kunstgeschichtlich interessante Fahrt zu alten Kirchen mit mittelalterlichen Wandmalereien (Hundheim, Hinzweiler, Ruthsweiler »Zweikirchen«) beginnt in *Lauterecken* und führt zunächst auf dem ausgeschilderten Radweg bei der Mündung der Lauter in den Glan talaufwärts nach *Offenbach am Glan* (3 km), wo man ebenfalls in die Ortsmitte

An der Nahe bei Bad Münster am Stein (Foto: Klaus Puntschuh)

zum ehemaligen Benediktinerkloster fährt. Am westlichen Ortsausgang wieder über die B 420, sodann links über die Bahnlinie und den Glan nach *Hundheim* (1 km), wo man in der Ortsmitte rechts einen Abstecher zur »Hirsauer Kirche« einfügt. Wieder zurück nach Hundheim, rechts, talaufwärts durch das landschaftlich reizvolle Talbachtal zunächst nach *Nerzweiler* (3 km), dann nach *Hinzweiler* (2 km) und *Oberweiler im Tal* (1 km). Nach Oberweiler steigt das Tal steiler an, wird dafür aber um so romantischer zum Waldtal zwischen den höheren Bergen des Nordpfälzer Berglandes, dem Königsberg (568 m) und dem Hermannsberg (536 m). Auf kurviger Straße, an einer kleinen Burgruine vorbei, nach *Eßweiler* (3 km) und nach *Rothselberg* (2 km), am Südhang des Sellbergs (546 m) gelegen. Im Ort links, und dann nach kurzer Steigung durch ein Seitental der Lauter Abfahrt in das Lautertal. Dort trifft man zunächst auf die B 270, der man talabwärts in Richtung Wolfstein folgt nach *Rutsweiler an der Lauter* (4 km), überquert dort die Lauter zum

zum Ortsteil *Stahlhausen* (1 km) hin, um auf der rechten Lauterseite ruhiger nach *Roßbach* (1 km) und *Immetshausen* (2 km) zu fahren, mit einem kurzen Abstecher zwischen den beiden Orten auf die andere Seite der Lauter zur »Zweikirchen«. Von Immetshausen dann nach *Wolfstein* (1 km), das man beim Bahnhof erreicht.

Nach der Besichtigung von Wolfstein wieder über die Lauterbrücke zur Straße Richtung Einöllen, die vom Tal in großen breiten Kurven langsam aufsteigend in östlicher Richtung zur Höhe zieht. Dort links abbiegen nach *Einöllen* (6 km) und weiter auf dem Höhenzug nach *Hohenöllen* (2 km). Am nördlichen Ortsende von Hohenöllen links auf den asphaltierten Landwirtschaftsweg einbiegen und auf gleicher Höhe bleibend, immer dem »blauen Kreuz«, der Markierung des Pfälzer Wald-Vereins, folgend gelangt man zur Straße, die links durch den Wald in einigen Kurven wieder hinunter in das Lautertal nach *Lauterecken* (6 km) führt.

Wolfstein mit Ruine Neu-Wolfstein (Foto: Heinz Wittner)

60 Kusel – Rammelsbach – Remigiusberg – Haschbach – Theisbergstegen – Altenglan – Erdesbach – Mayweilerhof – Körborn – Burg Lichtenberg – Körborn – Kusel

Schwierigkeitsstufe III.
Tourenlänge 28 Kilometer.
Fahrzeit 3 Stunden.
Höhenunterschiede 60 Meter auf 1,5 Kilometer in und nach Rommelsbach in Richtung Haschbach; 70 Meter auf 1,2 Kilometer vor dem Remigiusberg; 200 Meter auf 3 Kilometer von Erdesbach zum Mayweilerhof und »Römerstraße«.
Karten 1:50000 L 6510 Landstuhl; 1:100000 Reg.-Bez. Rheinhessen – Pfalz; 1:200000 Generalkarte Blatt 15.
Wissenswertes *Kusel* Kreisstadt und wirtschaftlicher Mittelpunkt im Westrich. Kusel war längere Zeit im Besitz der Grafen von Veldenz und der Herzöge von Pfalz-Zweibrücken. Stumm'sche Orgel in der klassizistischen evangelischen Pfarrkirche. – *Remigiusberg* Auf der Bergeshöhe (356 m) weithin sichtbar gelegene ehemalige Propsteikirche der Benediktiner von der Abtei St. Rémy in Reims. Der früheren Pfeilerbasilika wurden die Seitenschiffe abgerissen. Die romanische Substanz der Kir-

che wurde durch die nachfolgende Gotik überformt. Nach der Renovierung vor einigen Jahren beeindruckt die Kirche durch schlichte Monumentalität. Neben der ehemaligen Propstei die »Michelsburg«, zum Schutze gebaut von den Grafen von Veldenz. Im 30jährigen Krieg zerstört. – *Theisbergstegen* Evangelische Kirche gotisch, Taufstein aus dem 13. Jahrhundert, Glocke von 1430. – *Burg Lichtenberg* Um 1200 von den Grafen von Veldenz erbaut, kam die über 425 Meter lange Burg an Pfalz-Zweibrücken und trotzte manchen Belagerungen. Die Burg dient heute teilweise als Jugendherberge.

Tourenbeschreibung Von Kusel auf dem Radweg entlang der B 420 im Kuselbachtal nach *Rammelsbach* (3 km). In der Ortsmitte rechts dem Schild »Remigiusberg« folgen und auf dem Radweg – ansteigend – (zur Linken die zersägten Porphyrit-Berge) zum Höhensattel, dann wieder steiler aufwärts zur Spitze des *Remigiusberges* (4 km). Hier oben befindet sich die Michelsburg und die ehemalige Propsteikirche. Für den steileren Aufstieg wird man belohnt durch einen sehr reizvollen Ausblick auf die Berge und Täler des »Remigiuslandes«. Abfahrt auf der Straße zurück, dann auf der Höhe des Sattels links nach *Haschbach* (2 km) abbiegen und weiter in das Glantal nach *Theisbergstegen* (1 km) im Glantal zwischen dem Remigiusberg und dem Potzberg (562 m), einem weiteren markanten Berg im Nordpfälzer Bergland gelegen. Vor der Bahnlinie am Bahnhof links abbiegen und durch das Gelände der Hartsteinindustrie links des Glans fahren. An den durch Steinbrüchen »zersägten« Bergen (Gestein aus Melaphyr, speziell »Kuselit« für Schotter und Pflastersteine) vorbei zur *Streit-Mühle* (2 km) und nach zweimaligem Überqueren der Bahnlinie, teilweise auf weniger gutem Feldweg, gelangt man dann zur Straße kurz vor *Altenglan* (2 km). (Man kann auch die Autostraße Theisbergstegen – Altenglan benutzen, die hier wenig frequentiert wird.) Am Bahnhof vorbei, dann für eine kurze Strecke dem Straßenschild »Kaiserslautern« folgend, über den Glan und parallel zur Bahnlinie nach *Bedesbach* (2 km). Am Gasthaus Born links abbiegen und wieder parallel zur Bahnlinie durch das Glantal in nördlicher Richtung bis zur Mühle, dort über die Bahnlinie und die Glanbrücke nach *Erdesbach* (2 km). In Erdesbach die B 420 überqueren und durch den »Kuselweg« und den »Staffelweg« auf einem asphaltierten Landwirtschaftsweg, der durch ein breites Tal – ansteigend – zur Höhe führt. Dort durch eine Unterführung der Schnellstraße zum *Mayweilerhof* (3 km) und in nördlicher Richtung zunächst bis zur »Roten Punkt«-Markierung des

Pfälzerwald-Vereins. Links in diesen Weg, die *»Römerstraße«* einbiegen, die zunächst etwas beschwerlich zu befahren ist, dann aber ziemlich auf gleicher Höhe auf dem Kamm in westlicher Richtung nach *Körborn* (4 km) verläuft. In Körborn geradeaus auf gleicher Höhe weiter zur *Burg Lichtenberg* (1,5 km), die zu einem längeren Aufenthalt verlockt. Wieder zurück nach *Körborn* (1,5 km) und dort rechts talabwärts nach dem Kuseler Vorort *Diedelkopf* (2 km) und weiter in das Kuselbachtal zum Ausgangsort *Kusel* (1 km) zurück.

Burg Lichtenberg (Foto: Heinz Wittner)

Burg Lichtenberg, der Burgbrunnen (Foto: Klaus Puntschuh)

61 Kirn – Heimweiler – Limbach – Kirschroth – Meddersheim – Merxheim – Hochstädten – Hochstetten – Kirn

Schwierigkeitsstufe II.
Tourenlänge 30 Kilometer.
Fahrzeit 2½ Stunden.
Höhenunterschiede 60 Meter auf 3 Kilometer zwischen Heimberg und Limbach; 60 Meter auf 2 Kilometer nach Limbach zur Höhe Richtung Kirschroth.
Karten 1:50000 L 6310 Kirn; 1:200000 Generalkarte Blatt 15.
Wissenswertes *Kirn,* überragt von der Kyrburg (Baubeginn 926), ehemaliger Sitz der Fürsten von Salm-Kyrburg, 1734 zerstört. Spätgotische Hallenkirche mit romanischem Turm und Renaissance-Grabmälern der Wild- und Rheingrafen. Früher gab es in Kirn 166 Handwerksbetriebe, dann Leder- und Stein-

KIRN
(200)
182
Sonnschied
Heinzenbg.
Brauwlr.
364
Hennweiler
414
Horbach
Habichts-K.
425
Gonratherhof
Langenthal
Auen
204
378
Bockenau
Ellerbach
410
Waldböckelheim
Jagdschloß
Wickenrodt
Hahnen-B.
423
Hahnenb.
Oberhsn. b. Kirn
Karlshof
Dhaun
R. Brunkenstn.
Simmertal
Martinstn.
Gäulsbach
Weiler b.Monzingen
229
Monzingen
Dörndich
Steinhardt
Schl. Wartenstn.
KALLENFELS
Hochstetten-Dhaun
Hochstetten
St. Johannisberg
Hochstädten
Griebelschied
R. Steinkallenfels
Niederhosenbach
Ev. Pfarrk.
Nußbaum
256
Oberstreit
SOBERNHM.
Merxheim
Bergen
R. Kyrburg
386
Meckenbach
429
415
Nahe
Berschweiler b.Kirn
Meddersheim
140
Staudernheim
R. Dis
464
KIRNSULZBACH
Meiersberg
361
200
Fischbacher Kupferbergwerk
343
Heimweiler
Krebsweiler
430
Eichberg
Heimberg
Kirschroth
R. Naumbg.
Bärenbach
321
346
227
Hühnerhof
233
Fischbach
41
Groß-B.
St. Antoniushof
Niederreidenbacherhof
400
Becherb. b.Kirn
Limbach
410
Bärweiler
226
Abtweiler
Lauschied
GEORG-WEIERBACH
506
215
Schmidt-hachenbach
260
Schwarzenberg
Rehborn
WEIER-BACH
320
391
Juden-K.
330
224
Mittel-reidenbach
Hundsbach
350
Raumbach
398
Forsths.
332
Dickesbach
Witthau
Desloch
48

industrie. Alte Fachwerkhäuser. – *Kirschroth,* schöne Winzerhöfe, weiterentwickeltes Nahe-Wein-Anbaugebiet. – *Meddersheim,* romanischer Kirchturm, gotischer Chor, Stumm'sche Barockorgel. – *Merxheim,* ehemaliges Schloß der Vögte von Hunolstein, verbunden mit der katholischen Pfarrkirche zu einer baulichen Einheit.

Tourenbeschreibung Von Kirn in westlicher Richtung (Idar-Oberstein), am Ortsausgang unter der Umgehungsstraße hindurch links in das Großbachtal einbiegen (Richtung Meisenheim). An zwei Mühlen vorbei, erreicht man den Ortsteil Krebsweiler der Gemeinde *Heimweiler* (5 km). Dort links in das Limbachtal einfahren zum Ortsteil Heimberg, dann weiter im ruhigen, breit hinwogenden Limbachtal – leicht ansteigend – nach *Limbach* (4 km). In Limbach fährt man dem Radwegeschild KH 58 (grün) nach und am Friedhof vorbei und im Quellgebiet des Limbachs – steiler ansteigend – gelangt man in einer Kurve zur Höhe der Limbacher Höhe (453 m) und dem Schwarzenberg (410 m).

Von der Sattelhöhe, dem Radschild KH 50 folgend, steilere Abfahrt und danach kurzer Anstieg durch die Weinberge zur Winzergemeinde *Kirschroth* (5 km). An den steilen roten Weinbergen entlang radelt man im Altenberger Tal talabwärts nach *Meddersheim* (3 km). Dort in westlicher Richtung auf dem Radweg der Naheweinstraße, vorbei am Felke-Kurhaus Menschel, im breiten Talkessel der Nahe nach *Merxheim* (5 km). Weiter zur Nahe-Brücke kurz vor Martinstein, dort links zwischen Friedhof und Fluß einbiegen in den Wirtschaftsweg, der am Berghang entlang durch ein Wäldchen nach *Hochstädten* (4 km) führt. Im Ort rechts und über die Brücke der Nahe nach *Hochstetten* (1 km) unterhalb der weit ins Land schauenden weißen gotischen Johanniskirche gelegen. Von Hochstetten aus benutzt man – weil nicht anders möglich – die Zufahrtsstraße, die beim Schotterwerk der Hartsteinbrüche nach *Kirn* (3 km) führt.

Anschriftenverzeichnis

Allgemeiner Deutscher Fahrrad-Club (ADFC)
Hollerallee 23, D-28209 Bremen

Deutsches Jugendherbergswerk
Bismarckstraße 8, D-32756 Detmold

Deutsches Jugendherbergswerk,
Landesverband Rheinland-Pfalz/Saarland e. V.
In der Meielache 1, D-55122 Mainz

Europäische Wandervereinigung e. V.
Reichsstraße 4, D-66111 Saarbrücken

Verband Deutscher Gebirgs- und Wandervereine e. V.
Reichsstraße 4, D-66111 Saarbrücken

Deutsche Wanderjugend
Tannenweg 22, D-71364 Winnenden

Touristenverein »Die Naturfreunde«, Bundesgruppe Deutschland e. V.
Hedelfinger Straße 17–25, D-70327 Stuttgart

Pfalz-Tourist-Information
Martin-Luther-Straße 69, D-67433 Neustadt an der Weinstraße

Sobernheim, Freilichtmuseum (Foto: Michael Walke)

Fahrrad-, Radsportvereine in Rheinhessen – Pfalz

Es gibt in Rheinhessen – Pfalz zahlreiche Vereine, die Radsportabteilungen haben und Radtouristik, Volksradfahren und Radwandern anbieten. Jährlich erscheint dazu ein Termin- und Adressenkalender, zu beziehen in 67063 Ludwigshafen-Friesenheim, Weiherstraße 18.
Die Anschriften der Verbände:
Radsportbund Rheinhessen e.V., Rheinallee 1, 55116 Mainz
Pfälzischer Radfahrerbund e.V., Weiherstraße 18, 67063 Ludwigshafen
Die Anschriften der einzelnen Vereine können bei dem Radsportverband Rheinhessen oder Pfalz erfragt werden.

Germersheim, Ludwigstor, Stadttor der Festung aus dem 19. Jahrhundert
(Foto: Heinz Wittner)

Wichtiger Hinweis

Da Jugendherbergen und Wanderheime zum Teil während der Woche und zu bestimmten Zeiten des Jahres geschlossen sind, empfiehlt der Verlag, sich frühzeitig vor Beginn einer Tour mit den genannten Häusern in Verbindung zu setzen und die folgenden Angaben nur als Hinweis zu betrachten und sich zum Planen – besonders einer längeren Radwanderung – folgende Verzeichnisse zuzulegen:
1. Deutsches Jugendherbergsverzeichnis
2. Naturfreundehäuser in Deutschland
im jeweils gültigen Jahrgang. – Zu beziehen über den Buchhandel oder über eine der vorstehenden Adressen.

Rad-Wanderführer Rhein

Rechtsrheinisch abwärts vom Bodensee bis zu den Niederlanden. Linksrheinisch aufwärts von den Niederlanden bis in die Schweiz. Abgeradelt und beschrieben von *Heinz-Egon Rösch.*

Rad-Wanderführer Hunsrück – Saarland

Rund- und Streckentouren in dem Gebiet zwischen Rhein, Mosel und Hunsrück und im Saarland. Beschrieben von *Heinz-Egon Rösch.*

Rad-Wanderführer Odenwald · Bergstraße

Rund- und Streckentouren und Jugendherbergsfahrten zwischen Darmstadt und Heidelberg, Bad Wimpfen und Miltenberg. Beschrieben von *Heinz-Egon Rösch.*

Rad-Wanderführer Schwarzwald

Rund- und Streckentouren mit vielen Farbbildern und farbigen Wegeskizzen. Beschrieben von *Wolfgang Benz.*

Rad-Wanderführer Oberrhein – Elsaß 1

Nord: Zwischen Heidelberg und Straßburg

Rund- und Streckentouren beiderseits der Grenze: Touren in Baden-Württemberg, im Elsaß sowie Jugendherbergstouren. Beschrieben von *Heinz Wittner.*

KOMPASS Wanderführer

Wanderführer Pfalz

Die schönsten Rund- und Strekkentouren. Beschrieben von *Wolfgang Benz.*

Großer Pfalz-Führer

Naturpark Pfälzerwald – Donnersberg mit Umland – Vorderpfalz – Deutsche Weinstraße – Nördlicher Westrich – Südwestpfälzische Hochfläche. Beschrieben von *Heinz R. Wittner.*

Wanderführer Odenwald

Die schönsten Rund- und Strekkentouren. Beschrieben von *Heribert Schiller.*

Wanderführer Saarland

Die schönsten Wanderungen: Rundwanderungen, Streckenwanderungen, Saar- Nahe-Weg. Beschrieben von *Willi Makary und Adolf Schneider.*